꼬리에 꼬리를 무는

四字成語 **끝말잇기 퍼즐**

1

팬더 컬렉션 / 엮음

圖書出版 明文堂

책머리에

<끝말잇기(shiritori)>나 <크로스워드 퍼즐(crossword puzzle)>은 일반적으로 우리 한글이나 영어와 같이 소리글자인 표음문자(表音文字)에서나 만들어지고 즐길 수 있다고 생각했다. 중국의 한자는 뜻글자인 표의문자(表意文字)로서 한 자 한 자가 독자적인 뜻을 지니고 있다. 그러므로 <끝말잇기>나 <크로스워드 퍼즐>을 만들기에는 상당한 어려움이 따를 수밖에 없었다.

그러나 지금 컴퓨터의 진화로 인해 수많은 단어나 숙어 고사성어, 사자성어(사자숙어)를 데이터베이스화해 놓을 수 있음으로 해서 그것이 가능하게 되었다.

사자성어는 사자숙어(四字熟語)를 말하는데, 오래도록 인구에 널리 회자되어 익숙해져 숙어화된 것을 이르는 말이다. 일반적으로 고사성어가 네 글자로 된 것들이 많아서 흔히 고사성어와 사자성어를 혼동해 쓰는 경우가 많다. 물론 네 글자로 된 고사성어는 사자성어라고 할 수 있다.

고사성어는 옛 이야기에서 유래된 말로, 여기에는 신화·전설·역사·고전·문학작품 등이 포함된다. 또한 교훈·경구·비유·상징어 및 관용구나 속담 등으로 사용되어 일상 언어생활에서의 표현을 풍부하게 해준다.

우리가 대화를 할 때나, 혹은 많은 사람들 앞에서 연설을 할 때 고사성어를 인용한다면 대화나 연설, 강연 등이 한층 품위가 있고 상대에게 전달되는 인상이 깊어질 수 있다.

이렇듯 우리의 언어나 문장의 표현에 품격을 더해주고 교훈을 주는 고사성어를 익히기 위해 단순히 암기를 한다는 것은 그 자체로서 또 하나의 공부라고 생각해서 싫증을 내기가 십상이다.

"고사성어를 퍼즐로 익힐 수 있다면" 하고 생각한 것이 바로 이 책 《사자성어 끝말잇기》이다.

고사성어를 많이 알고 있다 하더라도 문제를 쉽게 풀 수 있다고는 생각지 않는다. 그래서 뒤에 해설을 곁들여 고사성어에 담겨진 재미있는 이야기들을 실었다.

독자들은 고사성어에 함유된 교훈이나 재치 있는 비유, 속담 등을 통해서 삶의 지혜를 터득함으로써 인문학적 소양을 풍부하게 함과 아울러 다른 이에게도 이야기로 들려줄 수 있다면 비로소 고사성어에 담겨진 교훈이 자신의 것이 될 수 있고, 나아가서는 문장에 인용할 수 있으며, 대화나 강연, 연설 등에 활용할 수 있을 것이다.

여기에 출제된 문제들은 상당히 까다로울 수 있다. 그러나 문제를 풀든 못 풀든 그것이 중요한 것이 아니다. 해설을 보고 다시 한 번 복습하면 한 문제를 풀고 났을 때 배우는 5개의 고사성어나 사자숙어를 한 틀로 묶어 머리에 기억시킬 수가 있을 것이다.

그리고 마지막에 복습으로 사자성어 70여 개를 한꺼번에 기억할 수 있도록 표를 만들어 첫 번째 사자성어로부터 마지막 사자성어까지 거침없이 연결해 기억할 수 있도록 하는 실로 놀라운 학습법을 체험할 수 있을 것이다.

— 편집자

四字
成語 끝말잇기

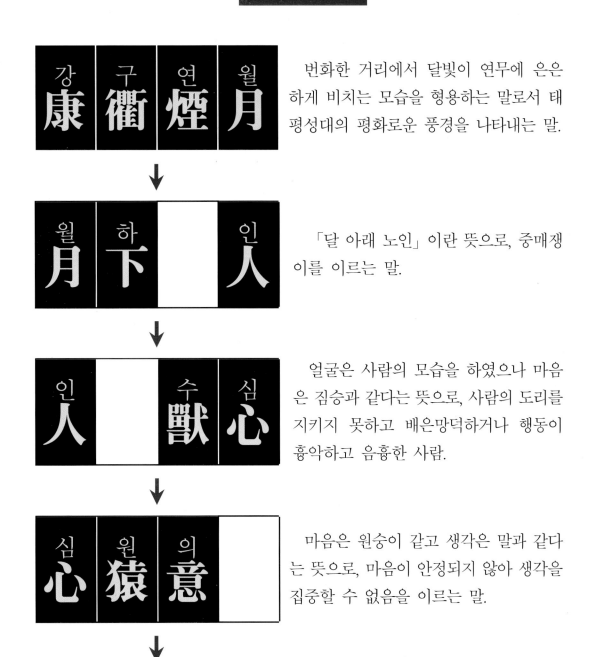

康衢煙月 (강구연월)

번화한 거리에서 달빛이 연무에 은은하게 비치는 모습을 형용하는 말로서 태평성대의 평화로운 풍경을 나타내는 말.

月下 ☐ 人 (월하☐인)

「달 아래 노인」이란 뜻으로, 중매쟁이를 이르는 말.

人 ☐ 獸心 (인☐수심)

얼굴은 사람의 모습을 하였으나 마음은 짐승과 같다는 뜻으로, 사람의 도리를 지키지 못하고 배은망덕하거나 행동이 흉악하고 음흉한 사람.

心猿意 ☐ (심원의☐)

마음은 원숭이 같고 생각은 말과 같다는 뜻으로, 마음이 안정되지 않아 생각을 집중할 수 없음을 이르는 말.

☐ 革裹屍 (☐혁과시)

말가죽으로 자기 시체를 싼다는 뜻으로, 옛날에는 전사한 장수의 시체는 말가죽으로 쌌으므로 전쟁에 나가 살아 돌아오지 않겠다는 뜻을 이르는 말.

풀이

강구연월
康衢煙月

康衢烟月 편안할 康 네거리 衢 연기 煙 달 月

━━━━━━━━━━━━━━━━━━━━━━━━━━ ▶

번화한 거리에서 달빛이 연무에 은은하게 비치는 모습을 형용하는 말로서 태평성대의 평화로운 풍경을 나타내는 말이다.

《열자》 중니편 「강구요(康衢謠)」에 나오는 말이다. 「강구요」는 요(堯)임금이 민심을 살피려고 나온 길에 장바닥에서 뛰어놀던 아이들이 불렀다는 노래로서, 그 가사는 이렇다.

우리가 잘 살고 있는 것은
모두가 임금님의 지극함 아닌 것이 없네.
우리는 아무것도 알 수가 없지만
임금님의 법만 따르면 된다네.

立我蒸民 莫非爾極 입아증민 막비이극
不識不知 順帝之則 불식부지 순제지칙

요임금

요임금의 치세를 찬양하는 내용이다. 여기서 유래하여 「강구연월」은 태평성대의 평화로운 풍경을 비유하는 성어로 사용된다.

우리 모든 백성들이 안정된 생활을 해나가고 있는 것은, 어느 것 하나 임금님의 알뜰한 보살핌과 사랑 아닌 것이 없다. 임금님은 인간의 본

성에 따라 우리를 도리에 벗어나지 않게 인도하기 때문에 우리는 법이니 정치니 하는 것을 염두에 두거나 배워 알거나 하지 않아도 자연 임금님의 가르침에 따르게 된다는 뜻이다. 아이들의 이 노래에 요임금은 자못 마음이 놓였다. 과연 그럴까 하고 가슴이 뿌듯하기도 했다.

月下老人
월 하 노 인

月下老人　　달 月　아래 下　늙을 老　사람 人　▶

　「달 아래 늙은이」란 뜻으로, 인간세계의 부부의 인연을 맺어주는 저승(冥界)의 노인을 말한다. 그래서 중매를 서는 사람을 「월하노인」이라 부르기도 한다. 《태평광기》에 수록된 정혼점(定婚店) 전설에 있는 이야기다.

　당나라 초기, 정관(貞觀) 2년에 장안 근처 두릉(杜陵)에 사는 위고(韋固)라는 청년이 송성(宋城) 남쪽 마을에 묵고 있을 때 일이다. 어떤 사람이 혼담을 청해 와서, 이튿날 새벽 마을 뒤쪽에 있는 용흥사(龍興寺) 문 앞에서 만나기로 하고 위고는 날이 밝기도 전에 미리 절 앞으로 나갔다. 문 앞에 이르자, 약속한 사람은 아직 와 있지 않고 웬 노인이 돌계단에서 베자루(巾囊)에 기대앉아 달빛을 빌어 책을 읽고 있었다. 위고가 물었다.

　"무슨 책을 읽고 계십니까?"

　"세상 혼사에 관한 책인데 여기 적힌 남녀를 이 자루 안에 있는 빨간 끈으로 한번 묶어 놓으면 아무리 원수지간이라도 반드시 맺어진다오"

　"제 배필은 어디 있습니까?"

　"송성 북쪽에 채소 파는 한 눈이 먼 노파가 안고 있는 아이가 바로 자네 베필일세" 말을 마친 노인은 홀연히 모습을 감추어 버렸다.

　"기가 차군. 누가 저런 거지 딸에게 장가를 든담"

　위고는 하인에게 비수와 상금을 주고는 그 어린애를 죽이고 오라고 시켰다. 그러나 하인은 가슴을 찌른다는 것이 칼이 빗나가 두 눈썹 사이를 찌르고 말았다고 돌아와 고했다. 그로부터 14년이 지나 위고는 상주(相州)의 관리가 되어 그 고을의 태수의 딸과 결혼하였다. 17세로 미인이었다. 그녀는 열일곱 한창 피어나는 고운 얼굴이었는데, 꽃 모양의 종이를 두 눈썹 사이에 붙이고 있었다.

1년이 훨씬 지난 어느 날, 문득 예전 생각이 나 부인에게 월하노인의 말을 이야기해주었다. 그러자 부인은 깜짝 놀라면서 말했다.

"저는 사실 태수의 친딸이 아닙니다. 아버지가 송성에서

월하노인 조상(彫像)

벼슬하시다가 돌아가시자 유모가 채소장사를 하면서 길러주었는데 지금의 태수께서 아이가 없자 저를 양녀로 삼으신 것입니다. 제 나이 세 살 때 시장에서 괴한의 칼을 맞았는데, 그때의 상처가 남아 이렇게 가리고 있는 것입니다"

"그 진 노파는 한쪽 눈이 멀지 않았던가?"

"그렇습니다. 그걸 어떻게……"

"그대를 찌르게 한 것은 바로 나였소" 하고 그는 지난 일을 자세히 이야기해 주었다. 그 뒤로 두 부부는 한결 정답게 살게 되었는데, 그들 사이에 태어난 아들이 뒤에 안문군(雁門郡) 태수가 되고, 어머니는 태원군 태부인이란 작호를 받았다. 그래서 이 이야기를 들은 송성현 현령이 그 마을을 「정혼점」이라고 고쳐 부르게 했다는 것이다.

人面獸心 人面兽心 사람 人 얼굴 面 짐승 獸 마음 心

사람의 얼굴을 하고 있으나 마음은 짐승과 같다는 뜻으로, 마음이나 행동이 몹시 흉악함을 이르는 말이다.

그러나 「인면수심」의 원래의 뜻은 이와 다르다.

흉 노

흉노는 몽골고원 만리장성 일대를 중심으로 활동한 유목 기마민족(騎馬民族)과 그들이 형성한 국가들의 총칭이다. 주(周)나라 때부터 계속 중국 북방을 침입해 중국인들은 북방 오랑캐라는 뜻으로 이들을 흉노로 불렀다.

후한(後漢)의 역사가 반고(班固)는 《한서》흉노전에서 이들을 가리켜 이렇게 표현했다.

"오랑캐들은 머리를 풀어 헤치고 옷깃을 왼쪽으로 여미며, 사람의 얼굴을 하였으되 마음은 짐승과 같다(夷狄之人 被髮左衽 人面獸心)"

이 글을 통해 반고가 말한 인면수심은 본래 미개한 종족으로서의 북쪽 오랑캐, 즉 흉노를 일컫는 말임을 알 수 있다.

"머리를 풀어 헤치고 옷깃을 왼쪽으로 여민다(被髮左衽)"는 말은, 중국 한족(漢族)의 풍습과는 다른 미개한 종족의 풍속을 일컫는 말로, 역시 오랑캐의 풍속을 가리킨다.

따라서 남의 은혜를 모르거나, 마음이 몹시 흉악한 사람을 가리킬 때의 「인면수심」은 뒤에 덧붙인 것임을 알 수 있다.

「인면수심」과 비슷한

피발좌임

말로는 「의관을 갖춘 짐승」 곧 횡포하고 무례한 관리를 비난하는 말로 「의관금수(衣冠禽獸)」가 있다.

心猿意馬 심원의마

心猿意马   마음 心 원숭이 猿 뜻 意 말 馬

마음은 원숭이 같고 생각은 말과 같다는 뜻으로, 마음이 안정되지 않아 생각을 집중할 수 없음을 이르는 말. 원숭이는 잠시도 가만히 있지 못하는 성질이다. 마음이 조용히 가라앉지 못하고 이랬다저랬다 하는 것이 심원(心猿)이다. 말은 달리는 성질을 가지고 있다. 생각이 가만히 한 곳에 있지 못하고 먼 곳으로 달아나버리는 것이 의마(意馬)다.

이 말은 불교경전에 있는 말이다. 번뇌로 인해 잠시도 마음과 생각을 가라앉히지 못하는 것을 원숭이와 말에 비유한 것이다. 당나라 석두대사(石頭大師)는 선(禪)의 이치를 말한 《참동계》 주석에서 말하기를, "마음의 원숭이는 가만히 있지 못하고, 생각의 말은 사방으로 달리며, 신기(神氣)는 밖으로 어지럽게 흩어진다(心猿不定 意馬四馳 神氣散亂於外)"라고 했다. 이것이 뒤에는 불교 관계만이 아니고, 일반적으로 마음과 생각이 흩어져 안정되어 있지 않은 것을 가리켜 쓰이게 되었다. 왕양명(王陽明)은 「심원의마」에 대해서 이렇게 쓰고 있다.

"처음 배울 때는 마음이 원숭이 같고 생각이 말과 같아 붙들어 매어 안정시킬 수가 없다(初學時 心猿意馬 全縛不定)"

왕양명은 학문의 첫 목적이 지식에 있지 않고 마음의 안정에 있다는 것을 강조하여 이와 같이 말하고 있는 것이다.

마 혁 과 시
馬革裹屍

马革裹尸

말 馬 가죽 革 쌀 裹 시체 屍

말의 가죽으로 시체를 쌈. 곧 전사(戰死)함.

「마혁과시」는 전쟁터에 나가 적과 싸우다가 죽고 말겠다는 용장의 각오를 가리켜 한 말이다.

《후한서》마원전(馬援傳)에 나오는 말이다. 마원은 후한 광무제 때 복파장군(伏波將軍)으로 지금의 월남인 교지(交趾)를 평정하고 돌아온 용맹과 인격이 뛰어난 명장이었다.

교지에서 돌아온 그는 신식후(新息侯)로 3천 호의 영지를 받았으나, 다시 계속해서 남부지방 일대를 평정하고, 건무 20년(44년) 가을 수도 낙양으로 개선해 돌아왔다. 이때 마원을 환영하기 위해 많은 사람들이 성 밖으로 멀리까지 나와 그를 맞이했는데, 그 가운데에는 지모가 뛰어나기로 유명했던 맹익(孟翼)도 있었다. 맹

마 원

익은 많은 사람들 사이에 판에 박은 축하의 인사만을 건넸다. 그러자 마원은 맹익을 보고 이렇게 말했다.

"나는 그대가 가슴에 사무치는 충고의 말을 해줄 것으로 기대하고 있었다. 겨우 남과 똑같은 인사만을 한단 말인가. 옛날 복파장군 노박덕(路博德 : 한무제 때 사람)은 남월(南越)을 평정하여 일곱 군(郡)을 새로 만드는

큰 공을 세우고도 겨우 수백 호의 작은 영토를 받았다. 그런데 지금 나는 하잘것없는 공을 세우고도 큰 고을을 봉읍으로 받게 되었다. 공에 비해 은상이 너무 크다. 도저히 이대로 오래 영광을 누릴 수는 없을 것 같다. 그대에게 무슨 좋은 생각은 없는가?"

마원의 동상

맹익이 좋은 생각이 나지 않는다고 대답했다. 그러자 마원은 다시 말했다.

"지금 흉노와 오환(烏桓 : 東胡의 일종)이 북쪽 변경을 시끄럽게 하고 있다. 이들을 정벌할 것을 청하리라. 사나이는 마땅히 변경 싸움터에서 죽어야만 한다. 말가죽으로 시체를 싸서 돌아와 장사를 지낼 뿐이다(以馬革裹尸 還葬耳). 어찌 침대 위에 누워 여자의 시중을 받으며 죽을 수 있겠는가?"

마원이 남방에서 개선해 돌아온 지 한 달 남짓 되어, 때마침 흉노와 오환이 부풍군(扶風郡 : 섬서성)으로 쳐들어왔다. 마원은 기다린 듯이 나가 싸울 것을 청해 허락을 받았다. 이때 광무제는 백관들에게 조서를 내려 마원을 다 같이 환송하도록 명했다고 한다. 이 뒤로 「마혁과시」란 말이 싸움터에 나가는 장수의 참뜻을 가리키는 말이 되었다고 한다.

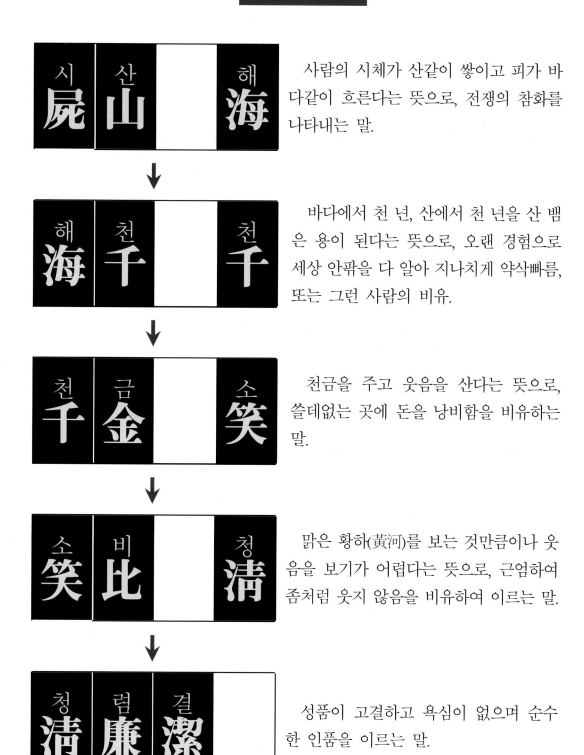

시 산 해
屍 山 ☐ 海

사람의 시체가 산같이 쌓이고 피가 바다같이 흐른다는 뜻으로, 전쟁의 참화를 나타내는 말.

↓

해 천 천
海 千 ☐ 千

바다에서 천 년, 산에서 천 년을 산 뱀은 용이 된다는 뜻으로, 오랜 경험으로 세상 안팎을 다 알아 지나치게 약삭빠름, 또는 그런 사람의 비유.

↓

천 금 소
千 金 ☐ 笑

천금을 주고 웃음을 산다는 뜻으로, 쓸데없는 곳에 돈을 낭비함을 비유하는 말.

↓

소 비 청
笑 比 ☐ 淸

맑은 황하(黃河)를 보는 것만큼이나 웃음을 보기가 어렵다는 뜻으로, 근엄하여 좀처럼 웃지 않음을 비유하여 이르는 말.

↓

청 렴 결
淸 廉 潔 ☐

성품이 고결하고 욕심이 없으며 순수한 인품을 이르는 말.

시 산 혈 해
屍山血海
尸山血海   주검 屍 뫼 山 피 血 바다 海 ➤

사람의 시체가 산같이 쌓이고 피가 바다같이 흐른다는 뜻으로, 전쟁의 참화를 나타내는 말.

해 천 산 천
海千山千
海千山千   바다 海 일천 千 뫼 山

바다에서 천 년, 산에서 천 년을 산 뱀은 용이 된다는 뜻으로, 오랜 경험으로 세상 안팎을 다 알아 지나치게 약삭빠름, 또는 그런 사람의 비유.

千金買笑
千金买笑　　　　일천 **千** 돈 **金** 살 **買** 웃음 **笑**

천금을 주고 웃음을 산다는 뜻으로, 쓸데없는 곳에 돈을 낭비함을 비유하는 말이다.

악덕 임금의 대명사로 걸·주·유·여(桀紂幽厲)란 말이 있다. 걸은 하나라를 망친 마지막 임금, 주는 은나라를 망친 마지막 임금, 그리고 유는 서주(西周)의 마지막 임금 유왕(幽王)으로 견융(犬戎)으로 불리는 오랑캐의 칼에 맞아 죽었고, 여는 유왕의 할아버지인 여왕(厲王)으로 백성들의 폭동에 밀려나 연금(軟禁)생활로 일생을 마친 임금이다.

《동주열국지(東周列國志)》에 있는 이야기다.

유왕은 요희인 포사(褒姒)에게 빠져, 왕후 신씨와 태자 의구(宜臼)를 폐한 다음, 포사를 왕후로 세우고 그녀가 낳은 백복(伯服)을 태자로 세웠다.

그런데 돈에 팔려 남의 속죄의 대가로 궁중에 들어오게 된 그녀가, 불과 몇 해 사이에 여자로서 더 바랄 것이 없는 영광된 위치에 오르게 되었건만 그녀는 일찍이 한 번도 입술을 열어 웃는 일이 없었다. 유왕은 그녀의 환심을 사기 위해 악공을 불러 음악을 들려주고 궁녀들을 시켜 춤을 추어 보였으나 전혀 기뻐하는 기색이 없었다. 유왕이 하도 답답해서,

"그대는 노래도 춤도 싫어하니 도대체 좋아하는 것이 무엇인가?"
하고 묻자 그녀는,

"첩은 좋아하는 것이 없습니다. 언젠가 손으로 비단을 찢은 일이 있는데 그 소리가 듣기에 매우 좋았사옵니다" 하는 것이었다.

"그럼 왜 진작 말하지 않고서"

17

포사 소상(塑像)

유왕은 즉시 창고를 맡은 소임에게 매일 비단 백 필씩을 들여보내게 하고, 궁녀 중 팔힘이 센 여자를 시켜 비단을 포사의 옆에서 번갈아 찢게 했다. 그러나 포사는 그저 좋아할 뿐 여전히 웃는 모습을 보이지 않았다.

"그대는 어째서 웃지 않는가?"

왕이 이렇게 묻자, 그녀는 또, "첩은 평생 웃어 본 적이 없습니다" 하고 대답했다. 그러자 유왕은, "그래, 내 기어이 그대가 입을 열어 웃는 모습을 보고 말리라" 하고 즉시 영을 내려, "궁 안과 궁 밖을 묻지 않고, 왕후로 하여금 한번 웃게 하는 사람은 천금의 상을 내리리라" 하고 선포했다.

그러자 지금껏 안팎으로 포사와 손발이 척척 맞아온 괵석보(虢石父)가 웃게 할 수 있는 방법을 제의했다.

그것은 봉화를 올려 기내(畿內)에 있는 제후들로 하여금 군대를 동원해 밤을 새워 달려오게 한 다음, 적이 침입해 온 일이 없는 것을 알고 어이 없어 뿔뿔이 흩어져 돌아가는 것을 보면 웃지 않을 수 없을 것이라는 것이었다.

그 신하에 그 임금이라, 유왕은 많은 지각 있는 신하들의 간하는 말도 듣지 않고 괵석보의 생각대로 포사와 함께 여산(驪山) 별궁으로 가 놀며 저녁에 봉화를 올렸다. 가까운 제후들은 예정된 약속대로 도성에 도적이 침입해 온 줄 알고, 저마다 군대를 거느리고 밤을 새워 즉시 여산으로 달려왔다.

여산 별궁에서 음악이 울리고 술을 마시며 포사와 함께 즐기고 있던 유왕은 사람을 보내 제후들에게 이렇게 말을 전했다.

유왕의 봉화대

"다행히 밖의 도둑은 없으니 멀리 수고할 것까지는 없는 걸 그랬소"

제후들은 어이가 없어 서로 얼굴만 바라보다가 깃발을 둘둘 말아 수레에 싣고 부랴부랴 돌아갔다. 봉홧불에 속아 하릴없이 달려왔다가 허탕을 치고 돌아가는 제후들의 뒷모습을 누각 위에서 바라보던 포사는 저도 모르게 손바닥을 치며 깔깔대고 웃었다. 그녀의 그런 웃는 모습을 바라보

던 유왕은,

유왕의 봉홧불에 달려온 제후들

"사랑하는 그대가 한번 웃으니 백 가지 아름다움이 솟아나는구려. 이 모두가 괵석보의 공이다" 하고 그에게 약속대로 천금 상을 내렸다.

《동주열국지》에는 이렇게 이야기를 마치고 나서, "지금까지 속담으로 전해 내려오는 '천금으로 웃음을 산다'는 말은 대개 여기에서 나온 것이다(至今俗語相傳 千金買笑 盖本於此)"라고 덧붙이고 있다.

그 뒤, 얼마 안 가 폐비 신씨의 친정아버지 신후(申侯)가 끌어들인 견융주(犬戎主)의 칼에 유왕이 개죽음을 당한 것은, 여산에 아무리 봉화를 올려보았자 또다시 속는 줄 알고 제후들이 달려오지 않은 때문이었다. 이솝 우화에 나오는 양치기 소년과 같은 짓을 명색이 천자와 대신이란 사람들이 하고 있었으니, 백성들은 어찌 되었겠는가.

笑比河淸

소 비 하 청

笑比河淸 　　웃을 **笑** 견줄 **比** 황하 **河** 맑을 **淸**

맑은 황하(黃河)를 보는 것만큼이나 웃음을 보기가 어렵다. 근엄하여 좀처럼 웃지 않음의 비유. 근엄해서 여간해서 웃지 않는 것. 하(河)는 황하를 가리킨다. 황하는 "백년하청(百年河淸)을 기다린다"고 할 정도로 그 탁한 물이 맑아지는 법이 없다. 포증(包拯)이라는 한 청백리(淸白吏)의 고사에서 유래한 성어이다.

오래 전에 《판관 포청천》이라는 드라마가 우리나라에 소개된 적이 있는데 그 포청천(包靑天)이 바로 포증으로, 《송사(宋史)》에 있는 이야기다.

포증(包拯)은 어려서부터 효자로 유명하였고, 관직에 나선 이후로는 청렴한 관리로서 유명했다. 진종 함평 2년에 합비현(合肥縣 : 지금의 안휘성 합비)에서 포원외의 셋째아들로 태어났다. 본명은 증(拯)이고 자는 희인이며, 청천(淸天)은 호다.

어머니는 며느리들과 비슷한 때 임신한 것을 부끄러워하여 그를 지우려 하였으나, 태몽을 꾸고는 포증을 낳았다고 한다.

얼굴이 검었다고 하며, 드라마에서는 양 미간에 초승달이 있는 것처럼 묘사되었으나 실제 그에게는 초승달은 없었다. 어려서 포가촌의 일가, 하인의 자제들과도 스스럼없이 어울렸다 하며, 아버지 포원외가 들인 독선생을 모시고 수학했다. 뒤에 음서로 관직에 올랐으나 1027년(인종 5년)에 정묘과(丁卯科) 진사시험에 응시하여 장원하였다. 그러나 연로한 부모를 봉양하기 위하여 사임하였다

포증은 관료생활을 하는 동안 공평하고 사사로움이 없는 정치를 펼친 것으로 유명하다. 지방관으로 있을 때는 부당한 세금을 없애고 백성들의

포증(포청천)

억울한 사건을 명쾌하게 해결해 주었다. 판관이 되자 부패한 정치가들을 엄중하게 처벌하였으며, 높은 벼슬에 오른 뒤에도 소박하고 검소한 생활을 하여 청백리로 칭송되었다.

포증이 단주(端州)에서 근무하다 전근을 가게 되었는데, 누군가 그 지방 특산물인 벼루를 기념으로 선물을 했는데 받지 않았다. 이런 이유로 사람들은 그에 대해서 오해를 했다. 그래서 사람들은 그의 얼굴을 김고 무시무시하게 묘사하기도 했다. 그 가운데서도 흥미로운 것은 포증이 좀처럼 웃지 않았다는 것인데, 그래서 사람들은, "황하가 백 년에 한 번 맑아진다"는 「백년하청(百年河淸)」에 빗대어 포증의 웃음을 황하가 맑아지는 데 비유했다(笑比河淸).

청 렴 결 백
淸廉潔白 淸廉洁白   맑을 淸 청렴할 廉 깨끗할 潔 흴 白

성품이 고결하고 욕심이 없으며 순수한 인품을 이르는 말.

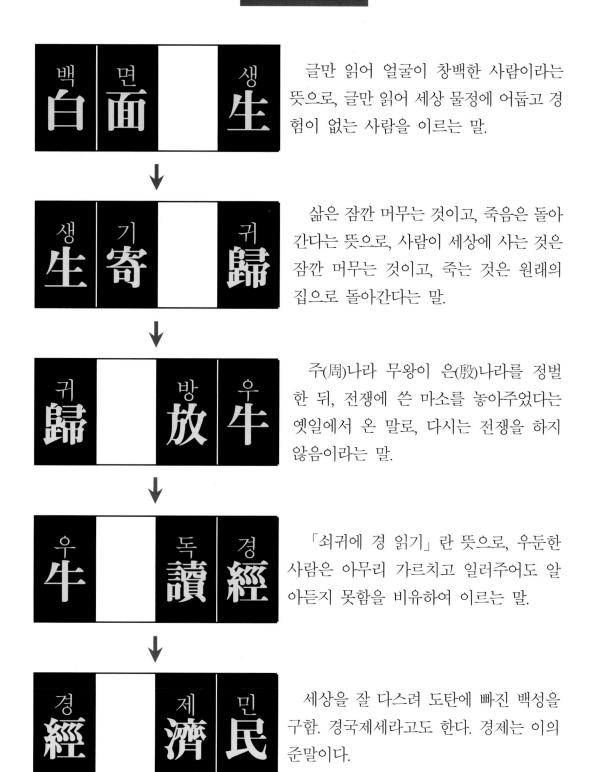

백 면 　 생
白 面 　 生

글만 읽어 얼굴이 창백한 사람이라는 뜻으로, 글만 읽어 세상 물정에 어둡고 경험이 없는 사람을 이르는 말.

생 기 　 귀
生 寄 　 歸

삶은 잠깐 머무는 것이고, 죽음은 돌아간다는 뜻으로, 사람이 세상에 사는 것은 잠깐 머무는 것이고, 죽는 것은 원래의 집으로 돌아간다는 말.

귀 　 방 우
歸 　 放 牛

주(周)나라 무왕이 은(殷)나라를 정벌한 뒤, 전쟁에 쓴 마소를 놓아주었다는 옛일에서 온 말로, 다시는 전쟁을 하지 않음이라는 말.

우 　 독 경
牛 　 讀 經

「쇠귀에 경 읽기」란 뜻으로, 우둔한 사람은 아무리 가르치고 일러주어도 알아듣지 못함을 비유하여 이르는 말.

경 　 제 민
經 　 濟 民

세상을 잘 다스려 도탄에 빠진 백성을 구함. 경국제세라고도 한다. 경제는 이의 준말이다.

白面書生 白面书生 흰 白 얼굴 面 글 書 선비, 날 生
백 면 서 생

얼굴이 검은 무관과 대비하여 집 안에서 책만 읽어 창백한 얼굴의 문신들을 가리키며, 말로만 떠들고 전혀 경험이 없는 사람 또는 초년생을 비꼬아서 하는 말이다.

태무제

남북조시대 송(宋)나라 장수로서 무명(武名)을 떨친 심경지가 임금을 설득할 때 인용한 말이다. 《송서》 심경지전(沈慶之傳)에 있는 이야기다.

심경지는 어릴 때부터 무예를 닦아 그 기량이 빼어났는데, 불과 열 살의 나이로 반란군 진압에 공을 세웠을 정도다. 남북조시대 북위(北魏)의 태무제(太武帝)는 원가(元嘉) 26년(449년)에 군사를 일으켜 유연(柔然)을 공격했다. 이 틈을 이용해서 송나라의 문제가 북위를 공격하고자 하였다. 그래서 권신들에게 이 문제를 논의하기 위해 회의를 소집했는데, 문신(文臣)들은 모두 출병에 찬성했다. 이때 교위(校尉)로 있던 심경지가 나서서 문제에게 충고했다.

"밭을 가는 일을 알려면 종들에게 물어보고, 베 짜는 일을 알려면 하녀에게 물어보아야 하는 법입니다. 지금 폐하께서는 적국인 북위를 공격하려고 하시는데, 저따위 얼굴이 하얀 샌님들에게 물어 일을 도모하신다면 어떻게 성공하신단 말입니까(田事可問奴 織事可問婢 今陛下 將欲攻敵國 與白面書生謀之 事何由濟)?"

송문제

원래 무가(武家)에서 자란 문제는 이 말을 듣고 문약(文弱)에 빠진 권신들과 서슬이 시퍼런 심경지의 강직함이 묘한 대조를 이루자 웃음을 참지 못하고 가가대소(呵呵大笑)했다고 한다. 그러나 이 같은 심경지의 충고에도 불구하고 문제는 문신들의 건의대로 출병했다가 대패하고 말았다.

生寄死歸
<ruby>生<rt>생</rt></ruby> <ruby>寄<rt>기</rt></ruby> <ruby>死<rt>사</rt></ruby> <ruby>歸<rt>귀</rt></ruby>

生寄死归　　날 **生** 부칠 **寄** 죽을 **死** 돌아갈 **歸**

우임금

《십팔사략(十八史略)》에 있는 이야기다.

고대 중국 하(夏)왕조의 시조인 우(禹)임금이 제후들과 함께 연회를 마치고 배에 올라 강을 건너려는 순간 홀연 황룡이 배를 등으로 지고 물 위에 올리니 배에 타고 있던 사람들이 모두 두려워하였다.

그러자 우임금이 하늘을 우러러 탄식하면서 말했다.

"나는 하늘로부터 명을 받아 백성들을 위해 온 힘을 바쳤다. 삶은 부쳐 사는 것이며, 죽음은 돌아가는 것이라 하였으니 하늘의 뜻에 따를 것이니라(禹仰天嘆曰 吾受命於天 竭力以勞萬民 生寄也死歸也)"

우임금이 두려워하지도 않고 태연하며 흔들림이 없이 또한 위엄있게 대응하자 황룡은 기가 꺾여 고개를 숙인 채 다시 하늘로 올라가버렸다. 「생기사귀」는 우임금이 황룡에게 한 말에서 유래하며, 인간의 삶은 나그네처럼 죽으면 원래의 자기 자리로 돌아가는 것이다.

시선(詩仙) 이백(李白)도 「춘야연도리원서(春夜宴桃李園序)」에서 이렇게 읊고 있다.

천지는 만물이 묵어가는 여관이요 세월은 백대의 나그네
떠도는 인생 꿈과 같으니 기쁨이 얼마나 되나?
옛사람들이 촛불을 잡고 밤에 노닌 것도 실로 까닭이 있었음이라.
하물며 화창한 봄날이 아름다운 경치로 나를 부르고
조물주가 나에게 문장을 빌려줬음에랴.

夫天地者 萬物之逆旅
光陰者 百代之過客
而浮生若夢 爲歡 幾何
古人 秉燭夜游 良有以事
況 陽春召我以煙景 大塊暇我以文章

「역려(逆旅)」는 나그네를 맞이한다는
뜻으로 여인숙을 말한다. 하늘과 땅(天地)
은 공간을 말한다. 따라서 공간 속에서 만
물이 생겼다가 사라지는 것이니 이는 나그
네가 잠깐 와서 묵어가는 것과 같다는 것
이다.

춘야연도리원서(淸, 전혜안)

귀 마 방 우
歸馬放牛
归马放牛 돌아갈 歸 말 馬 놓을 放 소 牛

말을 돌려보내고 소를 풀어놓는다는 뜻으로, 전쟁을 하지 않는다는 것을 이르는 말이다. 전쟁에 동원됐던 말과 소들을 풀어놓는다는 것은 다시는 전쟁을 하지 않는다는 것으로, 전쟁이 끝난 뒤 평화로운 시대가 온 것을 비유하는 말이다.

고대 중국 주(周)나라의 무왕(武王)은 목야전투(牧野戰鬪)에서 주왕(紂王)의 대군을 쳐부수어 은(殷)나라를 멸망시켰다.

은나라를 정벌하고 돌아온 무왕이 전쟁에 사용한 말과 소를 놓아 주었다는 고사에서 유래한 말로서, 《상서(尙書)》 무성편(武成篇)에 있는 이야기다.

"그 해 4월 달이 밝아지려 할 때 무왕은 상나라를 멸하고 풍에 이르렀나. 이곳에서 무왕은 무(武)를 버리고 문(文)을 닦은 후 말을 화산으로 돌려보내고 소는 도림에 방목하여 군마를 다시 사용하지 않을 것을 천하에 선포했다(乃偃武修文 歸馬于華山之陽 放牛于桃林之野)"

무왕은 전쟁터에 나아가서도 그의 덕치(德治)를 잘 보여주고 있다. 정월 초하루 임진일에 달빛은 찾아볼 수 없었다. 그 다음날 계사일 아침에 무왕은 주나라를 떠나 상나라 정벌에 올랐다. 무오일에 맹진나루를 건너 황하에 이르자 강물은 잔잔하고 달빛은 대낮처럼 밝았다. 상의 근교인 목야에 진을 치고 전열을 정비한 후 천명을 기다렸다.

갑자일 새벽에 상왕이 대군을 이끌고 나타나 싸웠으나 우리 군사들을 대적 하지 못하였고, 적의 선봉대가 반기를 들어 자기편 군사를 치니 혼란을 일으켜 패배하고 마니, 이 싸움에서 흘린 피는 냇물을 이루어 절굿 공이가 떠다닐 정도였다. (이 부분을 맹자는 「진신서불여무서(盡信書不如無書)」라고 해서 《서경(書經)》 중에도 틀린 곳이 있으니 다 믿어서는 안 된다고 했다. 즉 책을 읽더라도 비판의 안목을 가지지 않고 그대로를 믿는다면 이것은 책이 없는 것이나 같다는 말이다)

한 번의 싸움으로 천하가 안정되니 무왕은 상나라 정치를 바로잡아 나갔다. 무고한 기자(箕子)를 풀어주고 비간(比干)의 무덤에 봉분을 만들어 넋을 위로하였다. 상의 도읍인 조가에서 녹대를 허물고 그곳의 금은재보와 거교에 쌓인 양곡을 백성들에게 나누어 주어 은혜를 베푸니 만백성이 기꺼이 복종하였다. 작위는 다섯 등급으로, 땅은 세 등급으로 하여 분배하였고, 어진사람을 등용하고, 능력자에게 일을 맡기고, 백성들은 오륜(五倫)과 먹고 장사지내고 제사모시는 일을 중히 여기게 했고, 믿음을 두텁게 하고 의를 밝혀 덕 있는 사람은 벼슬을 높이고, 공이 있는 자는 상을 내리니 온 세상은 잘 다스려졌다.

주무왕

牛耳讀經

우 이 독 경

牛耳读经　　　소 牛 귀 耳 읽을 讀 경서 經

「쇠귀에 경 읽기」란 뜻으로, 우둔(愚鈍)한 사람은 아무리 가르치고 일러주어도 알아듣지 못함을 비유하여 이르는 말.

비슷한 뜻으로,

대우탄금(對牛彈琴) : 소를 마주 대하고 거문고를 탄다는 뜻으로, 어리석은 사람에게는 깊은 이치를 말해 주어도 알아듣지 못하므로 아무 소용이 없음을 이르는 말.

마이동풍(馬耳東風) : 말의 귀에 동풍이라는 뜻으로, 남의 비평이나 의견을 조금도 귀담아 듣지 아니하고 흘려버림을 이르는 말.

여풍과이(如風過耳) : 바람이 귀를 통과하는 듯 여긴다는 뜻으로, 남의 말을 귀담아 듣지 않는 태도.

등이 있다.

經世濟民

경 세 제 민

经世济民　　　날 經 세상 世 구할 濟 백성 民

세상을 잘 다스려 도탄(塗炭)에 빠진 백성을 구함.

경국제세(經國濟世)라고도 한다. 우리가 가장 자주 쓰는 단어인 경제(經濟)라는 말이 바로 이 표현의 준말이다. 그만큼 뜻도 중요하고 쓰임새도 많은 중요한 말이다. 경(經)은 「날줄」이라는 의미인데, 그 뜻이 확대되어 세상을 구한다는 의미도 갖는다.

民□於三

백성은 아버지와 스승과 임금의 덕으로 이 세상에 생존하고 있으므로, 이 세 사람에게 봉사해야 한다는 말.

三□之道

여자가 따라야 할 세 가지 도리. 여자는 어려서 어버이께 순종하고 시집가서는 남편에게 순종하고, 남편이 죽은 뒤에는 아들을 따르는 도리.

道□拾遺

길에 떨어진 것을 줍지 않는다는 뜻으로, 나라가 잘 다스려져 백성의 풍속이 돈후함을 비유하는 말. 형벌이 준엄하여 백성이 법을 범하지 아니함.

遺感□萬

마음에 섭섭함이 매우 많다는 뜻으로, 몹시 유감스럽다는 말.

萬□不易

오랜 세월을 두고 바뀌지 않음. 영원토록 변함이 없다는 말.

민 생 어 삼
民生於三　　民生于叁　　백성 民 날 生 어조사 於 석 三

《국어(國語)》 진어(晉語)에 있는 말이다.

"백성은 군사부(君師父) 세 분에 의해 살아가니 하나같이 섬겨야 하는 바, 아버지는 낳아 주시고 스승은 가르쳐 주시며 임금님은 길러 주신다(民生於三 事之如一 父生之 師敎之 君食之)"

三從之道
삼종지도

叁从之道   석 三 따를 從 의 之 도리 道

봉건사회에 있어서 남녀의 불평등 가운데 가장 말썽이 되어 온 것이 「삼종지도」와 「칠거지악(七去之惡)」이다.

「삼종지도」는 여자가 평생을 통해 남편을 좇아야 되는 세 가지 길이란 뜻이다. 같은 뜻의 말로 「삼종지덕(三從之德)」, 「삼종지의(三從之義)」, 「삼종지례(三從之禮)」등 여럿이 있다.

《예기(禮記)》에 나오는 말로,

"여자는 세 가지 좇는 길이 있으니, 집에서는 아비를 좇고, 시집가서는 남편을 좇고, 남편이 죽으면 아들을 좇는다(女子有三從之道 在家從父 適人從夫 夫死從子)"라고 되어 있다.

즉, 여자는 시집을 가기 전 집에 있을 때는 아버지의 명령과 지시에 따라야 하고, 남의 집으로 시집을 가게 되면 남편의 의사와 처리에 순종해야 하고, 남편이 죽은 뒤에는 아들에게 모든 것을 맡겨야 한다는 뜻이다. 결국 여자는 평생 자기 뜻을 고집해서는 안 된다는 이야기다.

지금은 많이 나아지고 있지만, 이전의 우리 호적법(戶籍法)을 보면 짐작할 수 있듯이, 말로는 남녀평등을 부르짖고 있지만, 여전히 이 삼종지도의 전통이 뿌리깊이 남아 있다고 볼 수 있다.

봉건사회에서 여성을 남성에 종속된 존재로 보고 여성의 권리를 억압하는 굴레로 작용한 것이다.

「칠거지악」은 「삼종지도」보다 여자에게는 더 가혹한 것이었다.

道不拾遺
도 불 습 유

道不拾遗   길 **道** 아니 **不** 주울 **拾** 잃을 **遺**

나라가 태평하고 민심이 순박해서 남의 것을 탐내지 않는 사회가 된 것을 단적으로 표현한 말이다. 원래는 선정(善政)의 극치를 표현해서 한 말이었는데, 상앙(商鞅)의 경우와 같이 법이 너무 엄해서 겁을 먹고 길에 떨어진 것을 줍지 못하는 예도 있었다.

《사기》 공자세가에 이런 이야기가 있다.

공 자

공자가 노나라 정승으로 석 달 동안 정치를 하게 되자, 송아지나 돼지를 팔러 가는 사람이 아침에 물을 먹이는 일이 없고, 길에 떨어진 것을 줍는 사람이 없었다고 전한다. 돼지나 소에게 물을 먹여 팔러 가지 않는다는 것은 오늘의 우리 도축업자들이 곱씹어 봐야 할 말이다.

또 정나라 재상 자산(子産)은 공자가 형처럼 대했다는

훌륭한 정치가였는데, 그는 정승이 되자 급변하는 정세를 잘 파악하여 국내의 낡은 제도를 개혁하는 한편, 계급의 구별 없이 인재를 뽑아 쓰고, 귀족에게 주었던 지나친 특권을 시정하여 위아래가 다 같이 호응할 수 있는 적당한 선에서 모든 정책을 이끌어 나갔기 때문에 나라가 태평을 이루어 도적이 자취를 감추고 백성들이 길에 떨어진 것을 줍지 않게 되었다고 한다.

《한비자》 외저설좌상편에 보면 자산의 정치성과에 대한 이야기가 나온다. 정나라 임금 간공(簡公)은 자기 스스로의 부족함을 자책하는 한편, 새로 재상에 임명된 자산에게 모든 정치를 바로잡는 책임을 지고 과감한 시책을 단행할 것을 당부했다. 그래서 자산은 물러나와 재상으로서 정치를 5년을 계속했는데, 나라에는 도적이 없고(國無盜

자 산

賊), 길에는 떨어진 것을 줍지 않았으며(道不拾遺), 복숭아와 대추가 거리를 덮고 있어도 이를 따 가는 사람이 없었으며, 송곳이나 칼을 길에 떨어뜨렸을 때도 사흘 후에 가보면 그 자리에 그대로 있었고, 3년을 흉년이 들어도 백성이 굶주리는 일이 없었다고 했다.

맹자는 말하기를, "사람은 물과 불이 없으면 못 산다. 그런데 밤에 길

가던 사람이 물과 불을 청하면 안 줄 사람이 없는 것은 너무도 흔하기 때문이다. 만일 먹을 것이 물과 불처럼 흔하다면 어느 누가 착하지 않을 수 있겠는가"라고 했다.

도적을 없애는 근본 문제도, 길에 떨어진 것을 줍지 않게 되는 까닭도 역시 그 바탕은 먹는 문제를 해결해 주는 데 있다.

같은 「도불습유」가 상앙의 준열 가혹한 법치정책과 공자의 온용덕화(溫容德化) 정책과 상반되는 두 개의 정치에서 나온 것이 재미있다. 이 이야기는 나라가 잘 다스려지고 있다는 대명사로 쓰이고 있다.

遺憾千萬
유 감 천 만

遗憾千万　　남길 遺 서운해 할 憾 일천 千 일만 萬

몹시 유감스러움, 섭섭하기 짝이 없음.

萬古不易
만 고 불 역

万古不易　　　일만 萬 옛 古 아닐 不 바꿀 易

오랜 세월을 두고 바뀌지 않음.

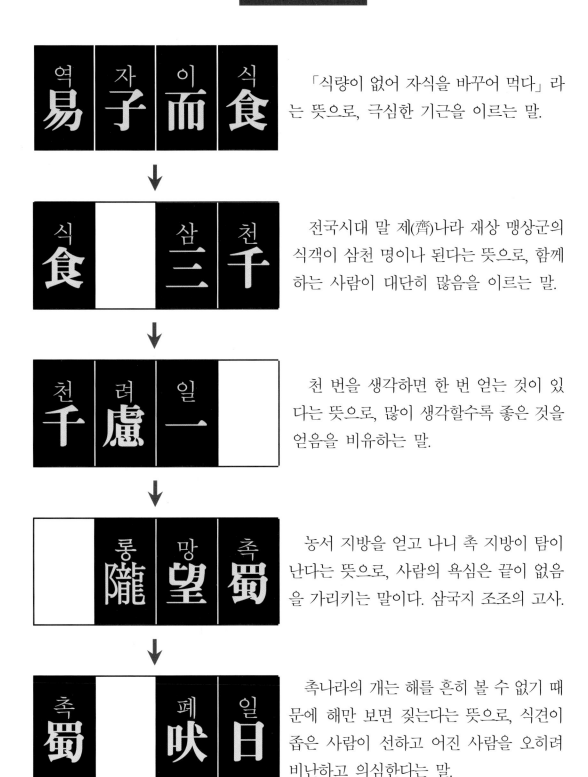

역자이식
易子而食

「식량이 없어 자식을 바꾸어 먹다」라는 뜻으로, 극심한 기근을 이르는 말.

식　삼천
食□三千

전국시대 말 제(齊)나라 재상 맹상군의 식객이 삼천 명이나 된다는 뜻으로, 함께하는 사람이 대단히 많음을 이르는 말.

천려일
千慮一□

천 번을 생각하면 한 번 얻는 것이 있다는 뜻으로, 많이 생각할수록 좋은 것을 얻음을 비유하는 말.

　롱망촉
□隴望蜀

농서 지방을 얻고 나니 촉 지방이 탐이 난다는 뜻으로, 사람의 욕심은 끝이 없음을 가리키는 말이다. 삼국지 조조의 고사.

촉　폐일
蜀□吠日

촉나라의 개는 해를 흔히 볼 수 없기 때문에 해만 보면 짖는다는 뜻으로, 식견이 좁은 사람이 선하고 어진 사람을 오히려 비난하고 의심한다는 말.

易子而食

역 자 이 식

易子而食   바꿀 易 아들 子 말이을 而 먹을 食

자식을 바꾸어서 먹는다는 말로, 대기근으로 인한 심한 굶주림을 이르는 말이다. 중국같이 평야가 끝없이 계속되는 지방에는 한번 대흉년이 몰아치면 수만 명의 굶주린 백성들이 초근목피를 찾아 헤매다가 급기야는 어린 자식을 서로 바꾸어 어른의 생명을 유지하려는 상상조차 하기 어려운 사태에까지 이른다고 한다. 또 그런 현상은 흉년이 아닌 전쟁으로 인해서도 가끔 일어나곤 했다.

《춘추좌씨전》 선공(宣公) 15년의 기록에, 송(宋)나라가 초(楚)나라의 포위를 당해 다섯 달을 계속 버티던 끝에 나중에는 먹을 것도 없고 밥 지을 땔감도 없어서 "자식을 바꿔서 먹고 뼈를 쪼개서 밥을 지었다(易子而食 析骸而爨)"는 사실이 적혀 있다.

또 같은 내용을 《사기》 송세가(宋世家)에는 "뼈를 쪼개어 밥을 짓고, 자식을 바꾸어 먹었다(析骸而炊 易子而食)"고 기록하고 있다.

《동주열국지(東周列國志)》에 보면 이때의 사정을 이렇게 기록하고 있다.

……우사(右師) 화원(華元)은 마지막 수단으로 술책을 써서 밤에 초나라 대장 공자 측(側)이 자는 방으로 들어가 칼을 들이대며 포위를 풀어줄 것을 요구했다. 이때 공자 측이 송나라 성안 상황을 물었을 때 화원은,

"자식을 바꾸어서 먹고 뼈를 주워서 밥을 짓고 있습니다……(易子而食 拾骨而爨……)" 하고 대답했다.

그러자 공자 측이 놀라 물었다.

"병법에, 허하면 실한 체하고 실하면 허한 체한다 했는데 당신은 어째서 실정대로 말하십니까?"

"군자는 남의 위태로운 것을 불쌍히 여기고, 소인은 남의 불행을 다행으로 안다고 했습니다. 원수께서 군자이신 줄 알기 때문에 감히 숨기지 않았습니다"

그러자 공자 측은, 초나라 역시 7일 먹을 양식밖에 없다는 것을 말하고, 이튿날 포위를 풀어 30리 후퇴할 것을 약속한다. 두 사람은 이것을 계기로 결의형제를 맺고 약속대로 이튿날 초나라 군사가 30리를 후퇴한다. 다음 두 나라는 강화를 하게 된다.

食客三千

식 객 삼 천

食客叄千

밥 **食** 손 **客** 석 三 일천 **千**

식객이 삼천 명이라는 뜻으로, 함께 하는 사람이 대단히 많음을 이르는 말이다. 식객은 권세 있는 대가(大家)의 집에 들러붙어 얻어먹고 있으면서 문객(門客) 노릇을 하던 사람이나, 아무것도 하는 일 없이 남의 집에 얹혀서 밥만 얻어먹고 지내는 사람을 이르는 말이다.

맹상군 전문

《사기》 맹상군(孟嘗君)열전에 있는 이야기다.

맹상군은 이름을 문(文)이라 했고, 성은 전씨(田氏)다. 문의 아버지는 정곽군(靖郭君) 전영(田嬰)이라 했다. 전영은 제나라 위왕(威王)의 막내아들로, 제나라 선왕(宣王)의 배다른 동생이다. 위왕 때부터 관직에 나아가 정사에 관여했다.

전영에게는 아들이 40여 명 있었다. 신분이 천한 첩과의 사이에 문(文)이라는 아들이 있었는데, 그는 5월 5일에 태어났다. 처음에 전영은 첩에게 키워서는 안 된다고 말했건만, 어머니는 비밀리에 문을 키웠다. 성장한 다음 문은 형제들의 주선으로 아버지 전영을 만나게 되었다. 전영은 문의 어머니에게 노하여 말했다.

"나는 네게 이 아이를 버리라 했는데, 숨겨서까지 키운 건 무슨 까닭인가?"

문이 머리를 조아리며 말했다.

"아버님께서 5월에 태어난 아이를 키우지 말라고 하신 것은 무슨 이유에서입니까?"

"5월에 태어난 아이는 그 키가 지게문에 닿을 만하면 어버이를 죽인다고 하기 때문이다"

"인명(人命)은 하늘에서 받는 것입니까, 아니면 지게문으로부터 받는 것입니까?"

전영은 묵묵히 대답이 없었다. 전문이 말했다.

"인명을 하늘에서 받은 것이라면, 아버님께서는 걱정하실 필요가 없습니다. 그리고 인명을 지게문에서 받는 것이라면, 지게문을 높게 만들면 누구도 그 높이까지 클 사람은 없을 것입니다"

"이제 그 이야기는 하지 마라"

그 후 얼마 안 되어 전문은 아버지가 한가한 틈을 엿보아 물었다.

"아들의 아들은 무엇입니까?"

"손자다"

"그러면 손자의 손자는 무엇입니까?"

"현손(玄孫)이다"

"현손의 손자는 무엇입니까?"

"모르겠다"

그러자 전문이 말했다.

맹상군 능원

"아버님께서는 정치에 관여해서 제나라 재상으로 오늘날까지 세 왕을 모셨는데, 그 사이에 영토는 훨씬 넓어지고, 아버님의 집안도 만금의 부(富)를 쌓았건만, 문하에는 한 사람의 현인(賢人)도 보이지 않습니다. '장군의 문하에는 반드시 장군이 있고, 재상의 문하에는 반드시 재상이 있다' 는 말을 들었습니다. 지금 아버님의 후궁들은 찬란한 비단옷을 입고 치맛자락을 끌고 다니는데, 나라의 선비는 조잡한 옷도 걸치지 못하며, 첩들은 좋은 쌀밥과 고기가 남아도는데, 나라의 선비들은 겨조차 먹지 못하고 있습니다. 지금 아버님께서는 이 위에 저축을 더하고 더욱 저장하여 그것을 알지도 못하는 자손들에게 주시기 위하여, 나라가 나날이 손해를 보고 있는 것을 잊고 계십니다. 저는 마음속으로 기괴하여 참을 수가 없습니다"

이 말을 듣자 전영은 아들 전문을 예우하고, 가사를 떠맡겨 빈객을 접대시켰다. 빈객은 날로 더 모여들었으며, 그 명성이 제후들에게 떨쳤다.

제후는 모두 사자를 보내 문(文)을 후사(後嗣)로 세우도록 설후(薛侯) 전영에게 청했는데, 전영은 이를 승낙했다. 전영이 죽자 정곽군의 시호가 내려졌다. 그리고 전문이 설(薛)의 영주가 되었다. 이 사람이 맹상군이다.

맹상군 양사(養士) 부조화(浮彫畵)

　맹상군은 설(薛)에 있으면서 제후의 빈객을 초대했는데, 죄를 짓고 도망친 자까지 찾아왔다. 맹상군은 가산을 팔아가면서까지 따뜻하게 대우했기 때문에, 그에게 모여드는 사람들은 천하의 선비를 모두 옮겨 놓은 것 같았다. 식객은 수천을 헤아릴 정도였는데, 귀천에 관계없이 모두 자기와 대등하게 대우했다.

千慮一得

千慮一得　　일천 **千** 생각할 **慮** 한 **一** 얻을 **得**

천 번 생각하다 보면 한 번쯤 얻는 게 있다는 뜻으로, 아무리 모자란 사람도 가끔 뛰어난 성과를 거둘 때가 있음을 이르는 말이다.

《사기》회음후열전(淮陰侯列傳)에 있는 이야기다.

회음후 한신이 조나라를 치게 되었을 때, 광무군 이좌거(李左車)는 성안군(城安君)에게 3만의 군대를 자기에게 주어 한신이 오게 될 좁은 길목을 끊게 해달라고 요구했다. 그러나 성안군은 이좌거의 말을 듣지 않고, 한신의 군대가 다 지나오기만을 기다리고 있다가 패해 죽고 말았다.

이좌거의 말대로 했으면 한신은 감히 조나라를 칠 엄두조차 낼 수 없었다. 한신은 간첩을 보내 이좌거의 계획이 뜻대로 이뤄지지 않은 것을 알고 비로소 군대를 전진시켰던 것이다. 한신은 조나라를 쳐서 이기자 장병에게 영을 내려 광무군 이좌거를 죽이지 말 것과, 그를 산 채로 잡아오는 사람에게 천금 상을 줄 것을 약속했다.

이리하여 이좌거가 포박을 당해 한신 앞에 나타나자, 한신은 손수 그를 풀어 상좌에 앉히고 스승으로 받들었다. 그리고 그가 사양하는 것도 불구하고, 굳이 앞으로 어떻게 하면 좋겠는가를 물었다. 그러자 그는 이렇게 대답했다.

"나는 들으니 지혜로운 사람이 천 번 생각하면 반드시 한 번 잃는 일이 있고, 어리석은 사람이 천 번 생각하면 반드시 한 번 얻는 것이 있다고 했습니다(智者千慮必有一失 愚者千慮必有一得). 그러기에 말하기를, 미친 사람의 말도 성인이 택한다고 했습니다. 생각에 내 꾀가 반드시 쓸

수 있는 것이 못되겠지만, 다만
어리석은 충성을 다할 뿐입니
다"

그리고는 한신으로 하여금
연나라와 제나라를 칠 생각을
말고 장병들을 쉬게 하라고 권
했다.

거듭된 싸움에서 승리한 백
성과 병사의 사기는 올라 있지
만, 너무 지쳐 있으므로 제 기량
을 발휘하기가 어렵다고 이좌거
는 지적한 것이다.

한 신

결국 한신은 이 이좌거의 도움으로 크게 성공을 하게 된다.

「천려일득」은 천 번을 생각하여 하나를 얻는다는 뜻으로, 어리석은
사람이라도 많은 생각을 하면 그 과정에서 한 가지쯤은 좋은 것이 나올
수 있음을 이르는 말이다.

「지자천려필유일실 우자천려필유일득(智者千慮必有一失 愚者千慮必
有一得)」에서 「천 가지 생각 중의 한 가지 실수」라는 뜻으로, 아무리
지혜로운 사람도 한 번쯤은 실수가 있다는 것을 비유하는 말로서, 「천
려일실(千慮一失)」이라는 성어도 생겨났다.

得隴望蜀

得陇望蜀 얻을 **得** 땅이름 **隴** 바랄 **望** 땅이름 **蜀**

농서 지방을 얻고 나니 촉 지방이 탐난다는 말로, 사람의 욕심은 끝이 없음을 가리키는 말.

《후한서》 잠팽전(岑彭傳)에 있는 이야기다.

잠팽(광무제능 二十八宿館)

후한 광무제 건무 8년(32년), 잠팽은 군사를 거느리고 광무제를 따라 천수(天水)를 점령한 다음 외효(隗囂)를 서성(西城)에서 포위했다. 이때 공손술(公孫述)은 외효를 구원하기 위해 부장 이육(李育)을 시켜 천수 서쪽 60리 떨어진 상규성을 지키게 했다. 그래서 광무제는 다시 군대를 나누어 이를 포위하게 했으나, 자신은 일단 낙양으로 돌아가기로 하고 떠날 때 잠팽에게 명령과 함께 자신의 감회를 편지로 써서 보냈다.

"두 성이 만일 함락되거든 곧 군사를 거느리고 남쪽으로 촉나라 오랑캐를 쳐라. 사람은 만족할 줄을 모르기 때문에 고통스러운 것이다. 이미 농(隴 : 감숙성)을 평정했는데, 다시 촉(蜀)을 바라게 되는구나. 매양 한 번 군사를 출발시킬 때마다 그로

46

인해 머리털이 희어진다(兩城若下 便可將兵南擊蜀虜 人固不知足 既平隴
復望蜀 每一發兵 頭髮爲白)"

즉 장래를 위해 적군의 근거
지를 완전히 정복해야겠다는 결
심을 하고서도 그것이 인간의 만
족할 줄 모르는 욕망 때문일지도
모른다는 자기반성을 하며, 그로
인해 많은 군사들의 고통은 물론
마침내는 생명까지 잃게 될 것을
생각하면 그때마다 머리털이 하
나하나 희어지는 것만 같다는 절
실한 심정을 말한 것이다.

여기서는 득롱망촉이 아닌 평

조 조

롱망촉(平隴望蜀)으로 되어 있는데, 4년 후 건무 12년에는 성도(成都)의
공손술을 패해 죽게 함으로써 「망촉」을 실현하게 된다.

《후한서》헌제기(獻帝紀)에도 다음과 같은 이야기가 나온다.

이 말은 조조의 입에서 나온 것이다. 삼국의 대립이 뚜렷해진 헌제(獻
帝) 건안 20년(215년)의 일이다. 촉의 유비와 오의 손권이 대립하고 있는
틈을 타서 위의 조조는 한중(漢中)으로 쳐들어갔다.

이때 조조의 부하 사마의가 조조에게, "이 기회에 익주(益州 : 蜀)의

후한 광무제 유수

유비를 치면 틀림없이 우리가 승리를 거두게 될 것입니다" 하고 의견을 말했다. 그러나 조조는 머리를 가로저으며, "사람은 만족하는 일이 없기 때문에 괴로운 것이다. 나는 광무제가 아니다. 이미 농을 얻었는데, 다시 촉을 바랄 수야 있겠느냐" 하고는 그의 의견을 듣지 않았다.

그 후 위왕(魏王)이 된 조조는 헌제 23년, 한중에서 유비와 수개월에 걸친 치열한 싸움을 벌이게 된다. 물론 천하의 간웅 조조는 힘이 모자라 감행하지 못하는 것을 큰 도덕군자나 되는 것처럼 가면을 쓰고 말한 것임에 틀림없다. 우리는 여기서 성군인 광무제와 간웅(奸雄)인 조조의 말과 본심과의 미묘한 상반된 현상을 엿볼 수 있다.

광무제의 웅심(雄心)은 인생이란 족(足)하다는 것을 모른다. "농을 얻고 또 촉을 탐낸다"고 말하고, 삼국의 조조는 인간은 족함을 모른다. "농을 얻고 또 촉을 바랄 필요는 없다"고 말하고 있는 것은 재미있는 대조다. 이 말은 전(轉)하여 욕심은 끝이 없다는 뜻으로 쓰인다.

蜀犬吠日

촉 견 폐 일

蜀犭吠日 나라이름 蜀 개 犬 짖을 吠 날 日

촉(蜀)나라의 개는 해를 흔히 볼 수 없기 때문에 해만 보면 짖는다는 뜻으로, 식견이 좁은 사람이 선하고 어진 사람을 오히려 비난하고 의심한다는 뜻으로 쓰인다.

사천성(四川省) 촉나라는 높은 산으로 둘러싸여 있으므로 늘 운무(雲霧)가 끼어 해를 보기가 드물기 때문에 촉나라 개들은 해를 보면 짖어댄다는 데서 유래한 말인데, 이 속뜻은 예사로운 일을 보고 놀람을 이르는 말이다.

삼국시대 유비(劉備)의 파촉(巴蜀)은 예부터 산이 높고 안개가 잦아 해가 보이는 날이 드물었다. 어쩌다 날이 맑아 해가 뜨면 개들이 이상히 여겨 짖었다.

촉도난(蜀道難)

초(楚)나라 굴원(屈原)의 「초사(楚辭)」에 있는 구절이다.

"마을 개들이 떼로 짖는 것은 이상하게 보이는 사물에 대해서다(邑犬群吠 吠所怪也)"

당(唐)나라 시선(詩仙) 이백(李白)은 시 「촉도난(蜀道難)」에서 사천(四

49

川) 가는 길의 험준함을 하늘 길에 비유했다.

촉으로 가는 길 어려워라,
푸른 하늘 오르기보다 더 어려워
몸 돌려 서쪽 보며 긴 한숨을 내쉬네.

蜀道之難　　　　촉도지난
難於上靑天　　　난어상청천
側身西望長咨嗟　측신서망장자차

따뜻한 월(越)나라 개들이 눈을 보고 짖었다는 「월견폐설(越犬吠雪)」 고사 또한 같은 표현으로 쓰인다.

험난한 촉도

endless 끝말잇기

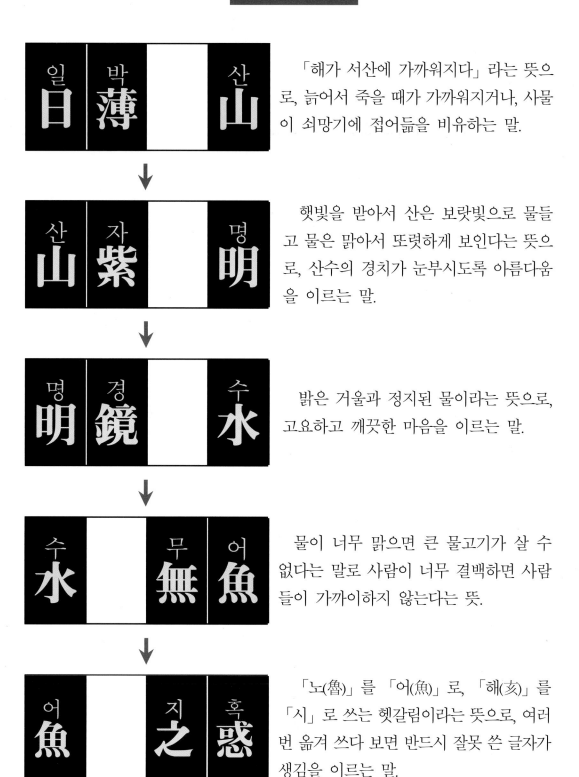

일 박　산
日 薄□山

「해가 서산에 가까워지다」 라는 뜻으로, 늙어서 죽을 때가 가까워지거나, 사물이 쇠망기에 접어듦을 비유하는 말.

산 자　명
山 紫□明

햇빛을 받아서 산은 보랏빛으로 물들고 물은 맑아서 또렷하게 보인다는 뜻으로, 산수의 경치가 눈부시도록 아름다움을 이르는 말.

명 경　수
明 鏡□水

밝은 거울과 정지된 물이라는 뜻으로, 고요하고 깨끗한 마음을 이르는 말.

수　무 어
水□無 魚

물이 너무 맑으면 큰 물고기가 살 수 없다는 말로 사람이 너무 결백하면 사람들이 가까이하지 않는다는 뜻.

어　지 혹
魚□之 惑

「노(魯)」 를 「어(魚)」 로, 「해(亥)」 를 「시」 로 쓰는 헷갈림이라는 뜻으로, 여러 번 옮겨 쓰다 보면 반드시 잘못 쓴 글자가 생김을 이르는 말.

풀이

日薄西山

일 박 서 산

日薄西山

날 日 엷을 薄 서녘 西 뫼 山

「해가 서산에 가까워지다」 라는 뜻으로, 늙어서 여명(餘命)이 얼마 남지 않았거나 사물이 쇠망기에 접어든 것을 비유하는 말이다. 한(漢)나라 때 문인 양웅(揚雄)이 지은 「반이소(反離騷)」에 있는 말이다.

양웅은 명리에 연연하지 않고 안빈낙도(安貧樂道)하며 일생을 보낸 인물로, 조정에 중용되는 것은 운명에 달린 것이며 스스로 어찌 할 수 없는 일이라고 생각했다. 그래서 그는 굴원(屈原)의 「이소(離騷)」를 읽을 때마다 감동하여 눈물을 흘렸으나, 때를 만나지 못한 처지를 한탄하며 스스로 목숨을 끊은 굴원의 행위에 대하여는 찬동하지 않았다. 양웅은 「이소」에서 글을 따와 굴원의 행동을 반박하여 「반이소」를 지었는데, 그 가운데 이런 구절이 있다.

"멱라수에 이르러 스스로 목숨을 끊으니, 해가 서산에 지는 것을 두려워함이네(臨汨羅而自隕兮 恐日薄於西山)"

멱라수의 굴원(일본 화가 요코하마 다이칸)

진무제

촉한의 재상이며, 진나라 때 한 중태수를 지낸 이밀(李密)이 지은 「진정표(陳情表)」에도 이 말이 사용되었다. 이밀은 어려서 아버지를 여의고 어머니는 재가하여 할머니 손에 자랐다. 그는 삼국시대 촉(蜀)에서 벼슬을 하다가 촉이 멸망하자 고향으로 돌아갔는데, 위(魏)를 멸하고 중원을 통일한 진(晉) 무제(武帝)는 그에게 태자세마(太子洗馬) 벼슬을 내려 조정으로 불러들이려 했다.

이에 이밀은, "단지 조모 유씨가 마치 해가 서산에 지려는 것처럼 숨이 끊어지려고 하여 사람의 목숨이 위태로우니, 아침에 저녁 일이 어찌 될지 알 수 없습니다(但以劉日薄西山 氣息奄奄 人命危淺 朝不慮夕). 신은 조모가 안 계셨더라면 오늘에 이를 수 없었을 것이며, 조모께서는 신이 없으면 여생을 마칠 수 없을 터이니, 조모와 손자 두 사람이 서로 목숨을 의지하는 까닭에 구차스럽게 폐하거나 멀리 갈 수 없습니다"라고 하며 간곡하게 사양했다.

산 자 수 명
山紫水明　　山紫水明　　　뫼 **山** 붉을 **紫** 물 **水** 밝을 **明**

산 빛이 보랏빛으로 물들고 강물이 맑아서 또렷하게 보인다. 곧 산수의 경치가 눈부시도록 아름다움을 가리키는 말이다.

　이와 유사한 표현으로는 「산명수려(山明水麗)」가 있다.

산자수명(계림)

54

명 경 지 수
明鏡止水
明镜止水　　　밝을 明 거울 鏡 그칠 止 물 水

밝은 거울과 정지된 물이라는 뜻으로, 고요하고 깨끗한 마음을 가리키는 말. 《불경》에 흔히 사념(邪念)이 없이 맑고 깨끗한 마음을 가리켜서 명경지수라 말한다. 그러나 실상 이 말은 《장자》에서도 그 유래를 찾아볼 수 있다. 《장자(莊子)》 덕충부편(德充符篇)에 있는 이야기다.

신도가(申徒嘉)는 발을 자르는 형을 받은 불구자였는데, 정나라 재상 자산(子産)과 함께 백혼무인(伯昏無人)을 스승으로 모시고 있었다. 하루는 자산이 신도가에게 말했다.

"내가 그대보다 먼저 선생님을 하직하고 나갈 때는 그대는 잠시 남아 있게. 그대가 먼저 나가게 되었을 때는 내가 잠시 남아 있을 테니"

이튿날 두 사람은 또 같은 방에 함께 있게 되었다. 자산은 또 어제와 똑같은 말을 하고는,

"지금 내가 먼저 나가려 하는데, 뒤에 남아 주겠지. 설마 그렇게 못하겠다고 말하지는 않겠지. 그대는 재상인 나를 보고도 조금도 어려워하는 기색이 없는데, 그대는 자신을 재상과 같다고 생각하는가?"

그러자 신도가가 말했다.

"선생님 밑에 재상과 같은 것이 있을 수 있겠소. 당신은 자신이 재상이란 것을 자랑하여 남을 업신여기고 있는 거요. 나는 이런 말을 듣고 있소. '거울이 밝으면 먼지가 앉지 못한다(鑑明則塵垢不止). 먼지가 앉으면 거울은 밝지 못하다. 오래 어진 사람과 같이 있으면 허물이 없다(止則不明也 久與賢人處 則無過)'고 말이오. 그런데 지금 당신은 큰 도를 배우

기 위해 선생님 밑에 다니면서 이 같은 세속적인 말을 하니 좀 잘못되지 않았소?"

여기에 나오는 밝은 거울은 어진 사람의 때 묻지 않은 마음을 비유하고 있다.

장 자

같은 《장자》에 역시 발이 잘린 왕태(王駘)라는 불구자의 이야기가 공자와 공자의 제자인 상계(常季)와의 문답 형식으로 나온다.

왕태의 문하에서 배우는 사람의 수는 공자의 문하에서 배우는 사람의 수만큼 많았다. 그래서 상계는 속으로 그것을 다소 불만스럽게 생각하고 공자에게 그 까닭을 물었다.

"왕태는 몸을 닦는 데 있어서, 자신의 지혜로써 자신의 마음을 알고, 그것에 의해 자신의 본심을 깨닫는다고 합니다. 이것은 어디까지나 자기 자신만을 위한 공부로서 남을 위하거나 세상을 위한 공부는 아닙니다. 그런데도 어떻게 그토록 많은 사람들이 그에게 모여드는지 알 수 없습니다"

공자는 이렇게 대답했다.

"사람은 흐르는 물을 거울로 삼는 일이 없이 멈추어 있는 물을 거울로 삼는다(人莫鑑於流水而鑑於止水). 왕태의 마음은 멈추어 있는 물처럼 조용하기 때문에 사람들은 그를 거울삼아 모여들고 있는 것이다"

여기서는 왕태의 고요한 마음이 멈추어 있는 물(止水)에 비유되고 있다. 이 「명경지수」란 말은 《장자》의 이 두 가지 이야기에서 나온 말인데, 송(宋)나라 때 선비들이 선가(禪家)의 영향을 받아 즐겨 이 말

공 자

을 써 왔기 때문에, 뒤에는 이 말이 가진 허(虛)와 무(無)의 본뜻은 없어지고, 다만 고요하고 담담한 심정을 비유해서 쓰이게 되었다.

水清無魚

水清无鱼　　물 **水** 맑을 **清** 없을 **無** 물고기 **魚**

우리말에 "물이 맑으면 고기가 놀지 않는다"는 말이 있다. 그것이 바로 「수지청무어(水至淸無魚)」란 말이다. 다만 지극하다는 지(至)가 하나 더 있는 것뿐이다. 이것은 청렴결백이 좋기는 하지만, 그것이 도에 지나치면 사람이 따르지 않는다는 것을 비유해 하는 말이다.

옛말에 "탐관(貪官) 밑에서는 살 수 있어도 청관(淸官) 밑에서는 살지 못한다"는 말이 있다. 역시 같은 이치에서 나온 말일 것이다.

《공자가어》 입관편에, 자장(子張)의 물음에 대답한 공자의 긴 말 가운데 "물이 지나치게 맑으면 고기가 없고, 사람이 지나치게 맑으면 따르는 사람이 없다(水至淸卽無魚 人至察卽無徒)"고 하는 말이 나오고, 백성이 작은 허물이 있으면 그의 착한 점을 찾아내어 그의 허물을 용서하라고 했다.

이와 비슷한 내용이 《한서》 동방삭 전에도 나온다. 그러나 《공자가어》를 후세 사람의 위작(僞作)이라고 하는 학

자 장

설도 있으므로 동방삭이 《공자가어》에서 배워 온 것인지, 《공자가어》를 지었다고 지목되는 위(魏)의 왕숙(王肅)이 동방삭의 문장을 따 온 것인지는 알 수 없는 일이다.

반초 출사서역 동소상(銅塑像)

또 《후한서》 반초전에는 서역도호(西域都護)로 있던 반초가 그의 후임으로 온 임상(任尚)을 훈계한 말이라 하여, "그대는 성질이 엄하고 급하다. 물이 맑으면 큰 고기가 없는 법이니 마땅히 탕일하고 간이하게 하라"고 적혀 있다.

과연 반초가 염려한 대로 임상은 성격대로 너무 자세하고 까다로운 정치를 한 탓에 통치에 실패했다고 한다.

魚豕之惑
鱼豕之惑 물고기 **魚** 돼지 **豕** 어조사 **之** 미혹할 **惑**

「노(魯)」를 「어(魚)」로, 「해(亥)」를 「시(豕)」로 쓰는 의혹이라는 뜻으로, 여러 번 옮겨 쓰다 보면 반드시 잘못 쓴 글자가 생김을 이르는 말로서, 글자를 쓰거나 목판에 새길 때 저지르는 실수를 이르는 말이다. 지금은 교정을 볼 때 생기는 오류를 뜻하는 말로 쓰인다.

《공자가어》자해편에 있는 이야기다.

공자의 제자 자하(子夏)가 진(晉)나라로 들어갈 때의 일이었다. 어느 날, 그는 위나라를 지나다가 누군가 역사책을 읽으면서 "진사벌진(晉師伐秦)하매 삼시섭하(三豕涉河)로다" 즉, 진(晉)나라 군사가 진(秦)나라를 칠 때 돼지 세 마리가 강을 건넜다는 뜻으로 읽는 것을 듣게 되었다. 이에 자하는 이렇게 말했다고 한다.

"아니, 신나라 군사 중에 돼지 세 마리가 강을 건넜다니, 어디 이치에 맞는 말입니까? 아마 「삼시섭하」가 아니라 「기해섭하」(己亥涉河 : 기해년에 강을 건너다)일 것이오"

그 뒤 진(晉)나라에 가서 다시 알아보니, 아니나 다를까 기해섭하였다는 것이다. 여기서 기해라는 것은 옛날 사람들이 60갑자로 날짜를 표시하는 것이다. 기해섭하는 「기해 날에 강을 건넜다」는 것인데, 기해(己亥)와 삼시(三豕)가 글자 모양이 비슷하기 때문에 읽는 사람이 잘못 읽었던 것이다. 이같이 글자가 다름으로 해서 웃음거리가 되는 경우를 가리켜 「어시지혹」,「노어해시」라고 하게 된 것이다. 노(魯)와 어(魚)도 글자 모양이 비슷해서 혼동하기 쉽다는 뜻으로 쓰인다.

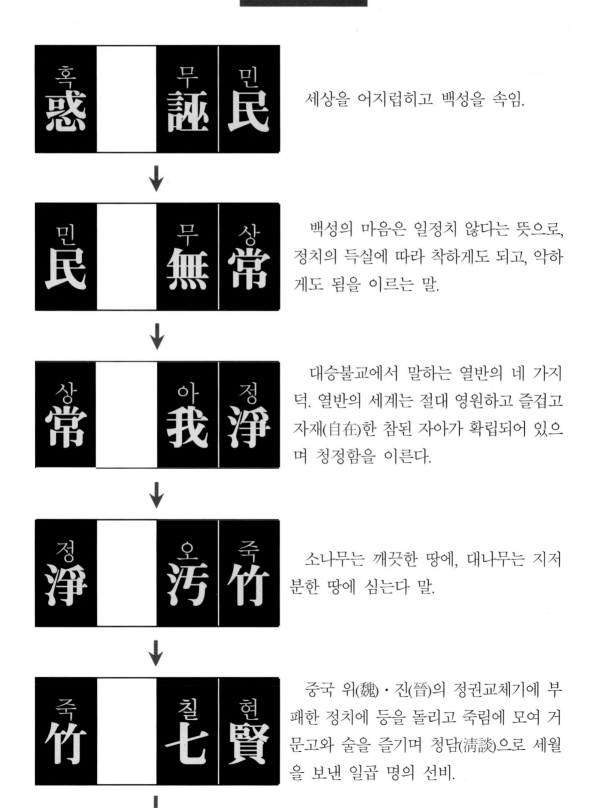

| 혹惑 | | 무誣 | 민民 | 세상을 어지럽히고 백성을 속임. |

백성의 마음은 일정치 않다는 뜻으로, 정치의 득실에 따라 착하게도 되고, 악하게도 됨을 이르는 말.

민民 □ 무無 상常

대승불교에서 말하는 열반의 네 가지 덕. 열반의 세계는 절대 영원하고 즐겁고 자재(自在)한 참된 자아가 확립되어 있으며 청정함을 이른다.

상常 □ 아我 정淨

소나무는 깨끗한 땅에, 대나무는 지저분한 땅에 심는다 말.

정淨 □ 오汚 죽竹

중국 위(魏)·진(晉)의 정권교체기에 부패한 정치에 등을 돌리고 죽림에 모여 거문고와 술을 즐기며 청담(淸談)으로 세월을 보낸 일곱 명의 선비.

죽竹 □ 칠七 현賢

혹 세 무 민
惑世誣民
惑世诬民　미혹할 **惑** 세상 **世** 무고할 **誣** 백성 **民**

혹(惑)은 정신을 혼란스럽게 하여 어지럽힌다는 뜻이고, 무(誣)는 없는 사실을 가지고 속이거나 깔본다는 뜻이다. 따라서 이 표현은 그릇된 이론이나 믿음을 이용해 사람들을 속이고, 그들을 이용해 자신의 이익을 추구하는 모습을 가리킨다.

세상 사람들을 속여 미혹하게 만들고 세상을 어지럽게 하는 것. 특히 종교에 혹세무민의 현상이 나타나기 쉽다. 종교가 진리의 근원에 뿌리하지 못하고 극히 지엽적인 부분만을 강조함으로써 세상을 혼란하게 만들고 사람을 악도에 떨어지게 잘못 인도하는 종교는 사도(邪道)요 바로 혹세무민의 종교이다.

사이비(似而非) 종교의 교주나 그릇된 주장을 내세우는 학자·정치가 등이 모두 이런 부류들이라 할 수 있다.

명대(明代)의 환관 유약우(劉若愚)가 지은 《작중지(酌中志)》에 있는 말이다.

"불교를 지극히 싫어하므로 불교의 가르침을 혹세무민하는 것으로 여겨 마땅히 배척해야 한다(極厭憎釋教 以為惑世誣民 最宜擯絶者)"

62

민 심 무 상
民心無常
民心无常   백성 **民** 마음 **心** 없을 **無** 항상 **常**

　백성의 마음은 일정하지 않아 군주가 선정(善政)을 베풀면 사모하고 악정(惡政)을 하면 앙심을 품음을 이르는 말.

　《서경(書經)》 채중지명편(蔡仲之命篇)에 있는 말이다.

　백성의 마음은 일정하지 않다. 정치의 득실에 따라 착하게도 되고, 악하게도 됨을 이르는 말. 백성의 마음은 일정하지 않아 군주가 선정(善政)을 베풀면 사모(思慕)하고 악정(惡政)을 하면 앙심(怏心)을 품음.

常樂我淨

常乐我净　　항상 **常** 즐거울 **樂** 나 **我** 깨끗할 **淨**

대승불교에서 말하는 열반의 네 가지 덕. 열반의 세계는 절대 영원하고 즐겁고 자재(自在)한 참된 자아가 확립되어 있으며 청정함을 이른다.

열 반

열반에 갖추어져 있는 네 가지 성질과 특성. 영원히 변하지 않는 상(常), 괴로움이 없고 평온한 낙(樂), 대아(大我)·진아(眞我)의 경지로서 집착을 떠나 자유자재하여 걸림이 없는 아(我), 번뇌의 더러움이 없는 정(淨)을 이르는 말이다.

또는, 범부가 일으키는 네 가지 잘못된 견해. 무상을 상(常), 괴로움을 낙(樂), 무아를 아(我), 더러움을 정(淨)이라고 사유하는 견해를 이르기도 한다.

淨松汚竹

정 송 오 죽

净松汚竹 깨끗할 **淨** 소나무 **松** 더러울 **汚** 대나무 **竹**

소나무는 깨끗한 땅에, 대나무는 지저분한 땅에 심는다는 뜻으로, 좋은 환경에서 소나무의 기상이 돋보이고, 나쁜 환경에서 대나무의 지조와 절개가 더 빛난 것처럼 적재적소(適材適所)에 인재를 등용함을 이르는 말이다.

구별해야 할 성어로 정송오죽(正松五竹)이 있다. 소나무는 정월(正月)에, 대나무는 5월에 옮겨 심어야 잘 산다는 말이다.

송죽폭포

竹林七賢

竹林七贤   대나무 竹 수풀 林 일곱 七 어질 賢

죽림칠현(淸 화가 전혜안)

「대나무의 숲의 일곱 현인(賢人)」이라는 뜻으로, 중국 진(晉)나라 초기에 유교(儒敎)의 형식주의를 무시하고, 노장(老莊)의 허무주의(虛無主義)를 주장하고, 죽림에서 청담(淸談)을 나누며 지내던 일곱 선비를 이르는 말이다.

위(魏)·진(晉)의 정권교체기에 부패한 정치권력에 등을 돌리고 죽림에 모여 거문고와 술을 즐기며 청담으로 세월을 보낸 일곱 명의 선비를 가리키는 말이다. 여기서 「청담」은 세속적인 명리(名利)를 달관한 맑고 고상한 이야기를 이르는 말로서, 위·진시대에 유행한 청정무위(淸淨無爲)의 공리공담(公理空談)을 말한다.

이 말이 나오게 된 것은 중국이 한창 격동기에 접어들어 연일 전쟁과 살육으로 하루도 바람 잘 날이 없었던 위진남북조시대에 형성된 일군의 선비집단인 죽림칠현과 밀접한 관련이 있다.

자고 나면 왕조가 바뀌고 그럴 때마다 숙청과 살육이 자행되던 시기에 이런 현실에 염증을 느낀 뜻있는 사람들이 모였다. 그들은 세간의 이런 정황을 깨끗이 잊어버리고 보다 고상하고 운치 있는 대화만 나누며 술에 취해 세상의 시름을 잊고자 노력하였다. 특히 그 가운데 일곱 사람이 당시 크게 알려졌다.

산도(山濤, 자는 거원巨源)·완적(阮籍, 자는 사종嗣宗)·혜강(稽康, 자는 숙야叔夜)·완함(阮咸, 자는 중용仲容)·유영(劉伶, 자는 백륜伯倫)·상수(向秀, 자는 자기子期)·왕융(王戎, 자는 준중濬中) 일곱 명이다.

이들은 개인주의적·무정부주의적인 노장사상(老莊思想)을 신봉하여 지배 권력이 강요하는 유가적 질서나 형식적 예교(禮敎)를 조소하고 그 위선을 폭로하기 위하여 상식에 벗어난 언동을 하기도 하였다.

완 적

이후 이들은 위(魏)나라를 멸망시키고 진(晉)나라를 세운 사마씨(司馬氏)의 일족에 의해 회유되어 해산되었다. 하지만 이들 중 혜강은 끝까지

혜 강

그들의 회유를 뿌리치다
결국 사형을 당했다. 이들
이 술을 마시면서 시를 짓
고 노닐 때 나누었던 이야
기를 일러 후세 사람들이
「청담」이라고 한 것이
다. 이들에게 있어서 술은
그 무엇과도 바꿀 수 없는
친근한 벗이라 할 수 있다.

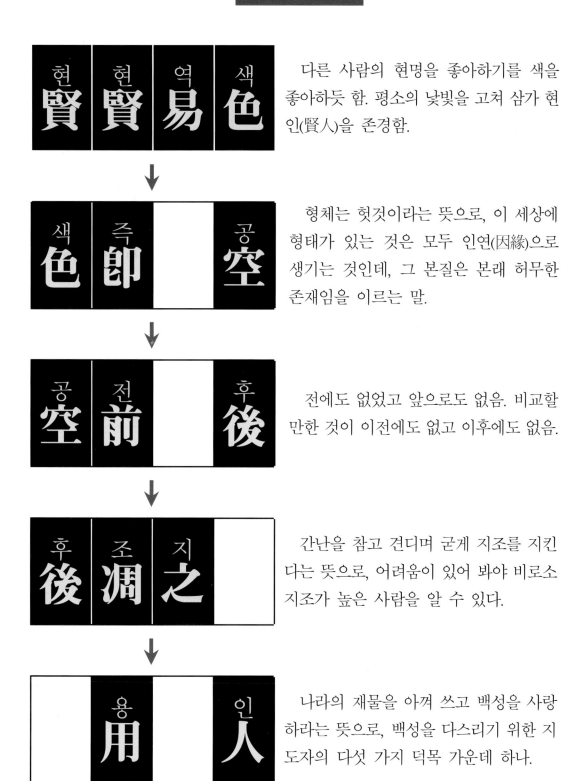

현	현	역	색
賢	賢	易	色

다른 사람의 현명을 좋아하기를 색을 좋아하듯 함. 평소의 낯빛을 고쳐 삼가 현인(賢人)을 존경함.

색	즉		공
色	卽		空

형체는 헛것이라는 뜻으로, 이 세상에 형태가 있는 것은 모두 인연(因緣)으로 생기는 것인데, 그 본질은 본래 허무한 존재임을 이르는 말.

공	전		후
空	前		後

전에도 없었고 앞으로도 없음. 비교할 만한 것이 이전에도 없고 이후에도 없음.

후	조	지	
後	凋	之	

간난을 참고 견디며 굳게 지조를 지킨다는 뜻으로, 어려움이 있어 봐야 비로소 지조가 높은 사람을 알 수 있다.

	용		인
	用		人

나라의 재물을 아껴 쓰고 백성을 사랑하라는 뜻으로, 백성을 다스리기 위한 지도자의 다섯 가지 덕목 가운데 하나.

賢賢易色
현 현 역 색

贤贤易色

어질 **賢** 바꿀 **易** 빛 **色**

어진 이를 높이되 고운 여인을 사랑하듯 하라. 평소의 낯빛을 고쳐 삼가 현인(賢人)을 존경함. 부부 사이에 있어서 마음씨 착함을 중히 여기고, 용모에 치중하지 않음.

자 하

《논어》 술이편(述而篇)에 있는 말이다.

자하가 말하기를, "어진 이를 높이되 고운 여인을 사랑하듯 하며, 부모를 섬기되 능히 그 힘을 다하며, 임금을 섬길 때는 그 몸을 다 바쳐라. 친구와 사귈 때는 믿을 수 있는 말만 하여라. 그리하면 비록 배우지 않았다 하더라도 나는 반드시 그를 배운 사람이라 일컬으리라(子夏曰 賢賢易色 事父母 能竭其力 事君 能致其身 與朋友交 言而有信 雖曰未學 吾必謂之學矣)"

色即是空
색 즉 시 공

色卽是空

빛 色 곧 卽 옳을 是 빌 空

세상에 존재하는 모든 형체(色)는 공(空)이라는 말. 곧 형상은 일시적인 모습일 뿐이라는 말이다.

"색이 공과 다르지 않고 공이 색과 다르지 않으며, 색이 곧 공이요 공이 곧 색이다(色不異空 空不異色 色卽是空 空卽是色)"

「색즉시공 공즉시색」은 《반야심경》의 중심사상이다. 색(色)이란 형태가 있는 것, 대상을 형성하는 물질적인 것, 넓게는 대상 전반을 가리킨다. 「색즉시공」

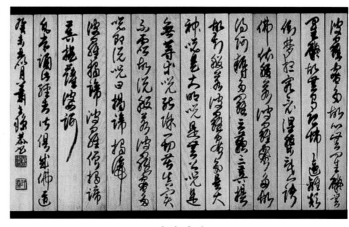

반야심경

은 색이란 모두 공(空)에 불과하다 하였고, 대상을 우리들은 어느 특정한 대상으로 생각하고 있으나 실은 그것은 광범한 연계(連繫) 위에서 그때 그때 대상으로서 나타나는 것일 뿐이며, 그 테두리를 벗어나면 이미 그것은 대상이 아닌 다른 것으로 변하는 것이므로 그 대상에 언제까지나 집착할 필요는 없다는 것이다.

「공즉시색(空卽是色)」은 그와 같이 원래부터 집착할 수 없는 것을 우리들은 헛되이 대상으로 삼지만, 그것은 공이며 그 공은 확고함이 없는 것인데, 바로 여기에 인간의 현실(존재)이 있다고 설한다.

71

이것은 일체의 것, 즉 불교에서 말하는 오온{五蘊 : 불교의 근본사상의 하나로, 세계를 창조·구성하고 있는 요소를 다섯 가지로 분류한 것. 색(色)·수(受)·상(想)·행(行)·식(識) 5요소의 결합으로, 색은 육체, 수는 감각, 상은 상상, 행은 마음의 작용, 식은 의식} 모두에 미치며, 대상(對象 : 色)뿐만 아니라 주관의 여러 작용에 대하여도 마찬가지라고 말할 수 있다.

空前絶後

공 전 절 후

空前絶后

빌 空 앞 前 끊을 絶 뒤 後

전(前)에도 없었고 앞으로도 없음. 비교할 만한 것이 이전(以前)에도 없고 이후(以後)에도 없음.

세상에는 이런 것이 전혀 없는 것도 아니다. 하지만 정말로 절후(絶後)가 될지 어떨지는 의심스럽다. 「공전절후의 위업」따위로 말한다. 유사어로는 「파천황(破天荒)」, 「전대미문(前代未聞)」이 있다.

後凋之節

후 조 지 절

后凋之节

뒤 **後** 시들 **凋** 갈 **之** 절개 **節**

간난(艱難)을 참고 견디며 굳게 지조를 지키는 것. 또 역경에 있어서 비로소 지조가 높은 사람을 알 수 있다는 것. 후조(後凋)는 다른 나무들이 다 말라도 아직 마르지 않고 있는 나무라는 뜻으로, 상록수를 가리킨다.

《논어》에 있는 말이다.

황산영송객(黃山迎松客)

"가난을 참고 견디며 굳게 지조를 지키는 소나무와 낭떠러지가 깎아지른 듯이 솟아 있는 모습의 벼랑(松有後凋之節 崖有壁立之像)"

곧 독야청청 지조의 모습을 간직한 소나무와 굳은 의지와 변하지 않음의 상징인 암벽을 이르는 말이다.

74

節用愛人

절 용 애 인

节用爱人   마디 **節** 쓸 **用** 사랑 **愛** 사람 **人**

「쓰기를 절제하고 사람을 사랑하라」는 뜻으로, 「절용애인」은 백성을 다스리기 위한 지도자의 다섯 가지 덕목 가운데 하나로서, 나라의 재물을 아껴 쓰고 백성을 사랑하라는 말이다.

《논어》학이편(學而篇)에 있는 말이다.

"공자가 말하기를, 천승의 나라를 다스리려면 일을 공경하고 믿음으로 하며, 쓰기를 절제하고 사람을 사랑하며, 백성을 부리기를 때를 맞추어야 한다(子曰 道千乘之國 敬事而信 節用而愛人 使民以時)"

「천승지국(千乘之國)」은 제후를 뜻한다. 전쟁이 일어났을 때, 네 필의 말이 끄는 전차 한 대에 30명의 보병을 실어 천 대를 낼 수 있는 나라라는 뜻이다. 이런 천승의 나라를 다스리기 위해서는 다섯 가지의 덕목을 시행해야 한다고 공자는 말한다.

하는 일에 분수를 넘지 말 것이며, 이것으로 백성들에게 믿음을 줄 것, 물자를 아껴 쓰며 백성을 사랑할 것, 부역은 농사철을 피할 것 등이다. 즉, 지도자가 백성들에게 모범을 보여야 한다는 말이다. 우리 속담의 「윗물이 맑아야 아랫물이 맑다」와 통하는 말이다.

《주역(周易)》에는, "'제도를 잘 운용하여 재물도 상하게 하지 말고 백성도 해롭게 하지 말라'하였으니, 이 두 가지를 합쳐서 보면, 백성을 사랑하면 재물을 상하는 데 이르지 않고, 재물을 상하게 되면 반드시 백성에게 해를 끼치게 되는 것입니다. 옛날 요(堯)임금은 띠(茅)로 집을 잇고 흙으로 축을 쌓았으며, 우(禹)임금은 궁궐을 낮게 지었고, 한(漢)나라 문제

요임금

(文帝)는 노대(露臺)를 지으려다가 백금(百金)을 아껴서 짓지 아니하여, 천하 고금에서 모두 그 덕을 감복하였다. 원컨대, 전하는 이를 본받아서 궁궐의 제도는 될 수 있는 대로 검소하고 간략하게 하고, 쓸데없이 녹만 먹고 있는 관원은 덜 만한 것은 덜고 합칠 만한 것은 합쳐서 국가의 재정을 넉넉하게 하소서"

윗사람은 아랫사람에게 가장 큰 영향을 준다. 그리고 아랫사람이 있음으로써 윗사람이 있는 것이니, 이 둘은 하나이면서도 둘이다. 절용이란 낭비를 말자는 뜻이지, 무작정 아끼라는 것은 아니다. 백성을 위해 써야 할 곳은 써야 한다는 말이다.

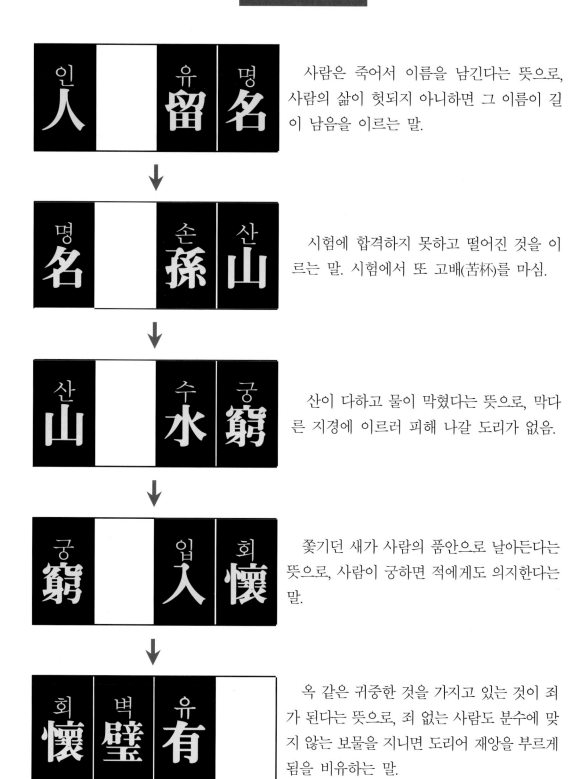

人 ⬜ 留名 (인 유 명)

사람은 죽어서 이름을 남긴다는 뜻으로, 사람의 삶이 헛되지 아니하면 그 이름이 길이 남음을 이르는 말.

⬇

名 ⬜ 孫山 (명 손 산)

시험에 합격하지 못하고 떨어진 것을 이르는 말. 시험에서 또 고배(苦杯)를 마심.

⬇

山 ⬜ 水窮 (산 수 궁)

산이 다하고 물이 막혔다는 뜻으로, 막다른 지경에 이르러 피해 나갈 도리가 없음.

⬇

窮 ⬜ 入懷 (궁 입 회)

쫓기던 새가 사람의 품안으로 날아든다는 뜻으로, 사람이 궁하면 적에게도 의지한다는 말.

⬇

懷璧有 ⬜ (회 벽 유)

옥 같은 귀중한 것을 가지고 있는 것이 죄가 된다는 뜻으로, 죄 없는 사람도 분수에 맞지 않는 보물을 지니면 도리어 재앙을 부르게 됨을 비유하는 말.

⬇

人死留名

인 사 유 명

人死留名　　사람 **人** 죽을 **死** 남길 **留** 이름 **名**　▶

　　사람은 죽어서 이름을 남긴다는 뜻으로, 사람의 삶이 헛되지 않으면 그 이름이 길이 남음을 이르는 말.

　　구양수(歐陽修, 1007~1073)는 그가 쓴 《신오대사(新五代史)》 열전 사절전(死節傳)에서 세 사람의 충절을 기록하고 있는데, 이 중에서 특히 왕언장(王彦章)을 높이 평가하고 있다.

주전충

　　당나라 애제 4년(907), 선무군(宣武軍) 절도사 주전충(朱全忠)은 황제를 협박하여 제위를 양도받고 스스로 황제가 되어 국호를 양(梁 : 보통 후량이라 한다)이라 칭했다.

　　그 후 약 반세기는 그야말로 《수호전》이 말하는 「분분(紛紛)한 오대난리(五代亂離)의 세상」이었다. 군웅은 각지에 웅거하며 서로 싸웠고 왕조는 눈이 어지럽게 일어났다가는 또 망하고 하였으며 골육상잔이 계속되었다. 그 오대(五代)시대에서 살아남은 사람의 이야기다.

　　양(梁)의 용장으로 왕언장이라는 사람이 있었다. 젊어서부터 주전충의 부하가 되어 주전충이 각지로 전전할 때에는 언제나 그 곁에 있었다. 전장에는 한 쌍의 철창(鐵槍)을 가지고 간다. 무게는 각각 백 근, 그 하나는 안장에다 걸고 나머지 하나를 휘두르며 적진에 뛰어들면 그 앞을 막는 자가 없었다고 한다. 사람들은 그를 왕철창이라 불렀다.

후량이 멸망했을 때, 그는 거우 오백의 기병을 거느리고 수도를 지키며 싸우다가 무거운 상처를 입고 적의 포로가 되었다.

후당의 장종(莊宗) 이존욱(李存勗 : 독안룡 이극용의 아들)은 그의 무용을 가상히 여겨 그를 자기 부하에 두려 했다. 그러나 그는, "이 몸은 폐하와 적이 되어 피나는 싸움을 10여 년이나 계속한 나머지 이제 힘이 다해 패하고 말았습니다. 죽음 외에 또 무엇을 바라겠습니까. 또 이 사람은 양(梁)나라의 은혜를 입은 몸으로

이존욱

죽음이 아니면 무엇으로 그 은혜를 갚겠습니까. 또 아침에 양나라를 섬기던 몸이 저녁에 진(晋 : 후당)나라를 섬길 수 있겠습니까. 이제 살아서 무슨 면목으로 세상 사람들을 대하겠습니까?"하고 죽음의 길을 택했다.

그는 글을 배우지 못해 책을 읽지 못했다. 글을 아는 사람이 책에 있는

문자를 쓰는 것을 그는 민간에 전해 오는 속담으로 대신 바꿔 쓰곤 했다. 그런데 그가 입버릇처럼 잘 쓰는 말은, "표범이 죽으면 가죽을 남기고, 사람이 죽으면 이름을 남긴다(豹死留皮 人死留名)"는 속담이었다.

앞의 「표사유피」는 「인사유명」이란 말을 하기 위한 전제다. 그래서 보통 「표사유피」란 말 하나로 「인사유명」이란 뜻까지 겸하게 된다. 누구나 한번 죽는 몸이니 구차하게 살다가 추한 이름을 남기기보다는 깨끗하게 죽어 좋은 이름을 남기라는 뜻이다. 특히 표범의 가죽을 든 것은 표범의 가죽이 가장 귀중히 여겨진 때문이다.

그런데 우리나라에서는 「호사유피(虎死留皮)」란 말을 쓰기도 한다. 뜻에 차이가 있는 것은 아니다.

名落孫山

명 락 손 산

名落孙山　　　이름 **名**　떨어질 **落**　손자 **孫**　뫼 **山**

남송 범공칭(範公偁)이 지은 《과정록(過庭錄)》에 이런 이야기가 있다.

송나라 때 소주에 손산(孫山)이라는 선비가 있었다. 평소에 그와 시회(詩會)를 만들어 모여 즐겼던 사람들은 그의 뛰어난 재주를 인정하여 손산이라는 그의 이름보다 골계재자(滑稽才子 : 익살꾼)라는 별명으로 부르기를 좋아했다.

어느 날, 손산은 고향 친구와 함께 향시(鄕試)에 응시하게 되었다. 그 결과 손산은 맨 마지막 한 사람으로 합격하고 고향 친구는 낙방하였다.

손산이 먼저 고향에 돌아오자 고향 사람들과 함께 그 친구의 부친까지 모두 손산의 합격을 축하하면서 같이 갔던 친구는 어찌 되었느냐고 물었다. 그러자 손산은 익살스럽게 "방에 나붙은 명단(합격자)의 맨 마지막은 손산이요, 아드님은 손산 밖(外)에 있습니다(解名盡處是孫山 賢郎更在孫山外)"라고 대답하였다. 즉 손산 자신은 간신히 합격했을 따름이고, 친구 부친의 자제분은 향시에 떨어졌다는 해학(諧謔)이다. 참으로 익살스런 답변이다. 여기서 해명(解名)이라는 것은 향시 합격자라는 말로서 향시 일등을 해원(解元)이라고 하였기 때문에 향시를 해시(解試)라고도 하였다.

이 이야기에는 또 다른 설도 전한다. 손산과 같이 향시에 응시하러 간 고향 친구는 한 사람이 아니라 여럿이었다고 하는데 손산이 맨 마지막으로 합격되었고, 나머지 선비들은 다 낙방된 것이다. 그래서 손산은,

"방에 나붙은 명단(합격자)의 맨 마지막은 손산이요, 그 밖의 사람은 손산 밖에 있다(解名盡處是孫山 餘人更在孫山外)"라고 대답했다는 설도 있

다. 「손산지외(孫山之外)」라고도 한다.

山盡水窮 <small>산 진 수 궁</small>

山尽水穷　　　　뫼 **山** 다할 **盡** 물 **水** 다할 **窮**

산이 다하고 물이 막혔다는 뜻으로, 막다른 경지에 빠져 피해 나갈 도리가 없음을 비유하여 이르는 말. 「산궁수진(山窮水盡)」이라고도 한다.

비슷한 말로 「진퇴유곡(進退維谷)」이 있다.

窮鳥入懷 <small>궁 조 입 회</small>

穷鸟入怀　　　　궁할 **窮** 새 **鳥** 들 **入** 품을 **懷**

궁지에 몰리면 적(敵)에게도 의지할 수 있다. 또 급박한 사정이 있어서 도움을 청해 오는 사람이 있으면 도와주어야 한다.

《안씨가훈(顔氏家訓)》에 있는 말이다.

"매에게 쫓기는 어려운 처지의 새는 사람의 품에도 들어온다"라는 말이다. 「懷」는 가슴, 품이라는 뜻이다. 궁지에 몰린 새를 보호해야 하듯이 궁지에 몰린 사람의 하소연은 들어주어야 한다는 것을 나타낸다.

"궁한 새가 품에 들어오면 어진 사람은 불쌍히 여긴다(窮鳥入懷 仁人所憫)"

懷璧有罪
회 벽 유 죄

怀璧有罪   품을 **懷** 둥근옥 **璧** 있을 **有** 허물 **罪**

죄(罪)라는 글자는 그물망(罒) 변에 그를 비(非)를 짝지은 글자로서, 법망에 걸려든 그릇된 짓, 즉 법을 어긴 것이 「죄」를 뜻한다는 것이다.

옥과 같은 귀중한 것을 가지고 있는 것이 죄가 된다는 뜻으로, 죄 없는 사람도 분수에 맞지 않는 보물을 지니면 도리어 재앙을 부르게 됨을 비유하여 이르는 말이다.

《춘추좌씨전》에 있는 이야기다.

춘추시대 때 우(虞)나라 왕 우공(虞公)은 동생 우숙(虞叔)이 가지고 있는 명옥(名玉)을 몹시 탐냈다. 우숙은 명옥이 아까워서 내놓지를 않았다. 그러나 얼마 지나지 않아 우숙은 후회하고는 형에게 구슬을 바치면서 이렇게 말했다.

"주나라의 속담에 '필부는 죄가 없어도 구슬을 가지고 있으면 그것이 곧 죄가 된다(匹夫無罪 懷璧其罪)'고 했습니다. 내가 이것을 가지고 있어서 스스로 화를 불러들일 이유가 없습니다"

벽(璧, 가운데가 뚫린 옥)

얼마 후, 우공은 또 우숙에게 그가 가지고 있는 보검을 달라고 했다. 그러자 우숙은, 형은 만족을 모르는 사람으로 언젠가는 자신의 목숨까지 달라고 할지도 모른다는 생각을 하게 되었다. 결국 신변의 위협을 느낀 우숙은 반란을 일으키고, 우공은 홍지(洪池)로 달아나게 되었다.

우숙이 말한 주나라 속담은, 보통 사람의 신분으로 옥을 가지고 있는 것은 훗날 화를 초래할 수 있다는 것으로, 우공에게 건넨 것은 바로 화근을 넘겨준 것이라는 말이다.

비슷한 말로, 「포벽유죄(抱璧有罪)」가 있다.

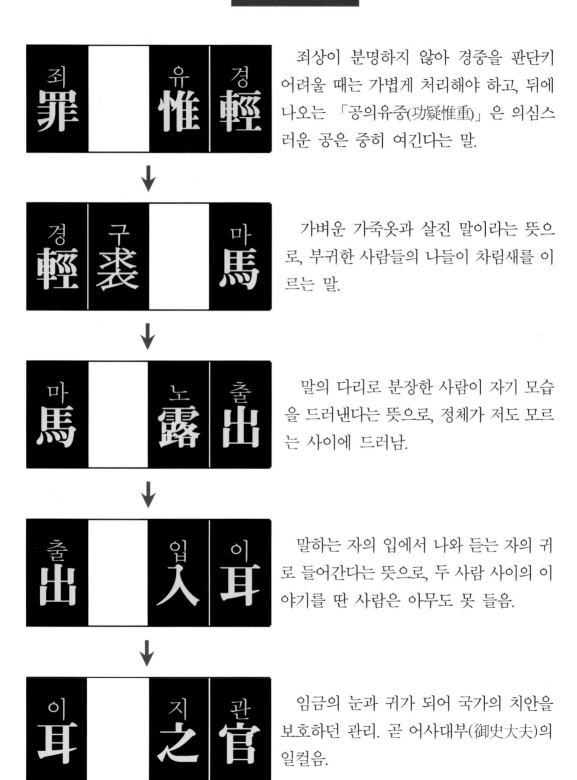

罪🔲惟輕
죄 유 경

죄상이 분명하지 않아 경중을 판단키 어려울 때는 가볍게 처리해야 하고, 뒤에 나오는 「공의유중(功疑惟重)」은 의심스러운 공은 중히 여긴다는 말.

輕裘🔲馬
경 구 마

가벼운 가죽옷과 살진 말이라는 뜻으로, 부귀한 사람들의 나들이 차림새를 이르는 말.

馬🔲露出
마 노 출

말의 다리로 분장한 사람이 자기 모습을 드러낸다는 뜻으로, 정체가 저도 모르는 사이에 드러남.

出🔲入耳
출 입 이

말하는 자의 입에서 나와 듣는 자의 귀로 들어간다는 뜻으로, 두 사람 사이의 이야기를 딴 사람은 아무도 못 들음.

耳🔲之官
이 지 관

임금의 눈과 귀가 되어 국가의 치안을 보호하던 관리. 곧 어사대부(御史大夫)의 일컬음.

풀이

죄 의 유 경
罪疑惟輕
罪疑惟轻 죄 **罪** 의심할 **疑** 생각할 **惟** 가벼울 **輕**

고 요

죄상이 분명하지 않아 경중(輕重)을 판단하기 어려울 때는 가볍게 처리해야 함을 이르는 말.

《서경》 대우모(大禹謨)에 있는 말이다.

"과실이 커도 용서하시고, 일부러 저지른 죄는 작아도 벌하셨으며, 의심스러운 죄는 가벼이 하시고, 의심스러운 공은 중히 하셨다(宥過無大 刑故無小 罪疑惟輕 功疑惟重)"

이어서 「공의유중(功疑惟重)」은 공적의 대소를 확실히 알 수 없을 때에는 큰 편을 따라서 후하게 상 주어야 불만이 생기지 않는다는 말.

이 말은 고요(皐陶)가 우(禹)임금의 치적을 칭송한 말이었다.

輕裘肥馬
경 구 비 마

轻裘肥马   가벼울 輕 갖옷 裘 살찔 肥 말 馬

가벼운 가죽옷과 살진 말이라는 뜻으로, 부귀한 사람들의 나들이 차림새를 이르는 말이다.

《논어》 옹야편(雍也篇)에 있는 말이다.

제자 공서적(公西赤)이 제(齊)나라에 사절로 가게 됐다.

공서적의 자(字)는 자화(子華)로 외교의 예법에 밝았다. 다른 제자 염구(冉求)가 공서적의 어머니에게 곡식을 보내자고 청하자 공자는, "여섯 말 넉 되를 보내라"고 했다. 염구가 더 보내자고 청하자 공자는, "열여섯 말을 보내라"고 했지만 염구는 여든 섬을 보냈다.

염 구

그러자 공자는 말했다.

"적(赤)은 제나라로 갈 때 살찐 말을 타고 가벼운 갖옷을 입고 갔다. 나는 이런 말을 들었다. 군자는 곤궁한 사람은 도와주되 부유한 사람에게는 더 보태주지 않는 법이다(赤之適齊也 乘肥馬 衣輕裘 吾聞之也 君子周急不繼富)"

공자는 그 주석에 "비마(肥馬)를 타고 경구(輕裘)를 입는다는 것은 부(富)를 뜻한다"고 했다. 이 일화는 재물에 대한 공자의 생각을 알 수 있게 한다.

공 자

공자는 「군자주급불계부(君子周急不繼富)」의 속담을 인용해서 이미 부유한 사람에게 부당한 이익을 더 주어서는 안 된다고 말했다. 온당한 봉급과 수당이라면 사양할 필요가 없겠지만 부당한 이익은 절대 챙겨서는 안 된다는 가르침을 우리는 마음에 새겨야 한다.

馬脚露出
마 각 노 출

马脚露出　　말 **馬** 다리 **脚** 드러날 **露** 나갈 **出**

말의 다리가 드러났다는 뜻으로, 가면극 등에서 말의 탈을 쓰고 연극을 하는 사람의 본래 다리가 보인 것에서 「숨기고 있던 나쁜 본체가 드러난다」는 의미로 사용된다.

중국 원나라 때 「진주조미(陈州粜米)」라는 민속놀이가 크게 유행하였다. 진주조미는 두 사람이 말 모양의 자루와 탈을 뒤집어쓰고 동작을 맞추어 춤을 추는 놀이이다. 우리나라의 사자놀이와 비슷하다.

어느 날, 진주조미 놀이패는 태수 앞에서 공연을 하게 되었다. 태수 앞에서 하는 공연이라서 놀이패는 많은 연습을 했지만 그만큼 긴장도 되었다. 요란한 북소리에 맞추어 말이 달려 나왔다. 두 사람이 말 모양의 가죽과 말의 탈을 뒤집어쓴 것이지만 진짜 살아 움직이는 말과 아주 똑같았다.

그런데 태수 앞이라서 너무 긴장한 배우가 그만 발걸음이 흐트러지면서 그만 말의 다리가 찢어져서 사람의 다리가 드러나고 말았다. 이를 보던 태수가 "마각(말의 다리)이 드러나고(馬脚露出) 말았군!"하고 소리쳤다.

이 이야기에서 유래하여 「마각노출」이라는 말이 생겨났다. 오늘날에는 주로 「감춰진 진상이 드러나다」또는 「숨기고 있던 정체가 드러나다」라는 뜻으로 널리 쓰인다.

말하는 자의 입에서 나와 듣는 자의 귀로 들어간다는 뜻으로, 두 사람 사이의 이야기를 다른 사람은 아무도 못 듣는다는 말.

《춘추좌씨전》 소공 20년에 있는 말이다.

비무극(費無極)이 초평왕에게 말했다.

"태자 건(建)과 오사(伍奢)는 방성에서 북방세력을 이끌고 배반하려 하고 있습니다" 초왕은 이 말을 믿어 오사에게 물으니, "군주께서는 어찌 참언을 믿으시옵니까?" 하자, 초왕은 오사를 체포하고 성보(城父)의 사마인 분양(奮揚)으로 하여금 태자를 죽이게 했다.

오사총 유지(遺址)

그러나 분양은 자신이 성보에 도착하기 전 태자를 도망치게 했다. 그리하여 태자 건은 송나라로 달아났다. 분양은 성보 사람에게 자신을 체포하여 왕에게 데리고 가게 했다. 초평왕(楚平王)이 물었다.

"내 입에서 나와 너의 귀에 들어간 말을 누가 건(建)에게 알렸느냐?(言出於余口 入於爾耳 誰告建也)"

"신이 그랬습니다. 군주께서 신에게 '건을 섬기기를 나를 섬기듯 하라' 고 하셨습니다. 신은 불민하여 잠시도 딴 마음을 가질 수 없어서 처음 명령만 받들어 운신해 왔는데, 차마 뒤에 죽이라고 명하신 것을 그대로 행할 수가 없었나이다. 그래서 떠나도록 하였나이다. 그러고 나서 그리 한 것을 후회했사오나 어찌할 도리가 없었나이다"

"그런 짓을 하고도 네 감히 내 앞으로 왔단 말이냐?"

"사명을 받고도 명대로 하지 못하고, 소환하시는데도 오지 않으면 재차 죄를 짓게 됩니다. 그리고 도망간들 갈 곳도 없사옵니다"

왕이 말했다. "돌아가 전대로 공사를 보도록 하라"

耳目之官

이 목 지 관

耳目之官　　귀 耳 눈 目 어조사 之 관리 官

임금의 이목(耳目)이 되어서 국가의 치안을 보호하던 관리. 곧 어사대부(御史大夫)를 일컬음. 《서경(書經)》 경명편(囧命篇). 또 《맹자》 고자 장구상에 있는 말이다.

맹 자

공도자(公都子)가 물었다. "같은 사람인데 어떤 사람은 대인이 되고, 어떤 사람은 소인이 되는 것은 무엇 때문입니까?"

맹자가 말했다. "자신의 큰 것을 따르면 대인이 되고, 작은 것을 따르면 소인이 된다"

다시 공도자가 물었다. "같은 사람인데 어떤 이는 큰 것을 따르고, 어떤 이는 작은 것을 따르는데 왜 그런 것입니까?"

맹자가 말했다. "귀와 눈이라는 기관은 생각이 없어서 외물에 가리워진다. 귀와 눈(物)이 외물(物)과 만나면 끌려가기 때문이다(耳目之官 不思而蔽於物 物交物 則引之而已矣). 그러나 마음의 기관은 생각을 한다. 생각하면 큰 것을 얻고 생각하지 않으면 얻지 못하게 된다. 이들은(눈과 귀와 생각)은 하늘이 나에게 준 것이다. 먼저 그 큰 것을 세우면 작은 것을 빼앗기지 않게 된다 이것이 대인일 따름이다"

여기서 「이목지관」은 신체의 일부인 눈과 귀를 이르는 말이다.

官猪腹痛
관 저 복 통

관가 돼지 배 앓는다는 속담의 한역으로, 자기와 아무 관계없는 사람이 당하는 고통을 이르는 말.

痛 黃龍
통 황 룡

「황룡부에서 통쾌하게 술을 마시다」 라는 뜻으로, 적의 본거지를 섬멸하는 것을 비유하는 말. 황룡은 금(金)나라의 도읍 황룡부(黃龍府)를 가리킨다.

龍 蛇尾
용 사 미

용머리에 뱀의 꼬리란 말로 시작은 그럴 듯하나 끝이 흐지부지함.

尾生之
미 생 지

「미생의 신의」 라는 뜻으로, 미련하도록 약속을 굳게 지키는 것이나, 고지식하여 융통성이 없음을 가리키는 말.

及豚
급 돈

돼지나 물고기 같은 무심(無心)한 생물조차 믿어 의심하지 않는다는 뜻으로, 신의(信義)의 지극(至極)함을 이르는 말.

官猪腹痛

관 저 복 통

官猪腹痛

관청 官 돼지 猪 배 腹 아플 痛

《순오지(旬五志)》에 있는 말이다.

관가 돼지 배 앓는다는 속담을 문자를 써서 한역(漢譯)한 것으로, 자기와 아무 관계없는 사람이 당하는 고통을 이르는 말이다.

《순오지》는 조선 숙종 때 학자인 홍만종(洪萬宗)이 쓴 잡록으로, 《십오지(十五志)》라고도 하는데, 보름 만에 완성되었기 때문에 붙여진 이름이라 한다. 1678년(숙종 4)인 36세 되던 해에 이루어졌으나 간행되지 못하고 필사본으로만 전해져왔다.

《순오지》의 첫머리에는 단군의 사적을 여러 모로 들었다. 단군의 신이한 통치가 우리 역사의 출발이고, 단군이야말로 「동방 생민(生民)의 비조」라고 하는 고대사의 기본인식을 보여준다. 우리의 역사가 오랜 연원을 가지고 줄기차게 전개되었다는 사실을 강조하였다.

책머리에 김득신(金得臣)의 서와 저자의 자서가 있다. 자서에서 자신이 병으로 누워 지내다가 옛날에 들은 여러 가지 말과 민가에 떠도는 속담 등을 기록하였다고 밝혀놓았다.

「적반하장(賊反荷杖)」 등 많은 우리말 속담을 한자로 기록해 놓았다.

痛飲黃龍 (통음황룡) 痛飲黄龙 아플 痛 마실 飲 누를 黃 용 龍

「황룡부에 들어가서 마음껏 술을 마시다」라는 뜻으로, 적의 본거지를 섬멸함을 비유하는 말이다. 즉 적들의 소굴을 가차 없이 쳐부순다는 뜻이다. 황룡은 금(金)나라의 도읍인 황룡부(黃龍府)를 가리키는데, 지금의 길림성 농안현이다.

《송사(宋史)》 악비전(岳飛傳)에 있는 이야기다.

송나라 때 북방의 여진족은 금나라를 세우고 자주 송나라를 침범했다. 금나라는 황하 일대를 차지한 다음 회하와 장강 유역으로 계속 밀고 내려왔다.

이때 송 휘종과 흠종은 모두 포로가 되었고, 백성들도 도탄(塗炭) 속에서 허덕이게 되었다. 그러나 무능한 송나라 조정에서는 계속 양보만 하면서 물러섰고 진회(秦檜)와 같은 무리들은 금나라에 항복할 것을 주장하고 나섰다.

그러나 장수 악비를 비롯한 주전파들은 결사적으로 적들과 싸워 수백 차례의 싸움을 거쳐 많은 땅을 수복했

악 비

다. 그러나 악비는 이에 만족하지 않고 계속 황하를 건너 북쪽으로 밀고 올라갈 계획을 세우며 군사들을 격려했다.

"황룡부로 쳐들어가 오랑캐의 소굴을 부숴버리자! 그리고 황룡부에 가서 통쾌하게 술을 마시자(直抵黃龍府 與諸君痛飮爾)"

여기서 황룡은 적의 본거지를 비유하는 대명사로 쓰이고 있다.

악비 묘 앞에 꿇어앉은 진회 부부의 상

그러나 진회의 무리들은 무능한 고종황제에게 신임을 얻은 뒤 밖으로는 적들과 야합하고 안으로는 황제를 끼고 음모를 꾸며서 악비를 소환시킨 다음, 있지도 않은 죄명을 씌워 살해하니 그때 악비의 나이 39세였다.

이렇게 되어 본래 승리할 수 있었던 금나라와의 전쟁은 패배로 돌아가고 송나라는 마침내 금나라의 속국으로 전락하고 말았다.

악비가 억울하게 피살당하자 백성들은 그의 죽음을 슬퍼하고 통곡하면서 진회 일파의 파렴치한 작태에 치를 떨었다. 이에 장수 한세충(韓世忠)이 진회에게 물었다.

"악비가 도대체 무슨 죄를 지었는가?"

진회는 "악비를 죽이는 데는 죄가 없어도 된다(莫須有)"고 대답했다.

그러자 한세충은 "그런 말로 어떻게 천하의 백성들을 믿게 할 수 있는가!" 하면서 질책했다고 한다.

이래서 후세 사람들은 없는 죄를 억지로 덮어씌워 사람을 해치는 것을 「막수유(莫須有)」라 하고, 이렇게 옥에 갇힌 사람들을 가리켜 「삼자옥(三字獄)」이라 했다.

한세충

龍頭蛇尾

龍头蛇尾　　　용 龍 머리 頭 뱀 蛇 꼬리 尾

처음 시작할 때는 그럴 듯하게 보였는데, 끝이 시원치 못한 것을 가리켜 「용두사미」라고 한다. 이것은 용과 뱀의 생김새가 비슷한 데서 나온 말로 오랜 옛날부터 있었을 법한 말이다. 그러나 이 말이 기록에 나와 있는 것은 《벽암집》에 있는 진존자(陳尊者)의 이야기에서다.

진존자는 목주(睦州) 사람으로 그 곳에 있는 용흥사(龍興寺)란 절에 살고 있었다. 그러나 뒤에 절에서 나와 각지로 돌아다니며, 짚신을 삼아서 길가는 나그네들이 주워 신도록 길바닥에 던져 주곤 했다고 한다.

그 진존자가 늙었을 때의 일이다. 어느 중을 만나 서로 말을 주고받는데, 갑자기 상대가 "에잇!"하고 호령을 하는 것이었다. 그래서, "허허, 이거 야단맞았군!"하고 상대를 바라보자, 그 중은 또 한 번 "에잇!"하고 꾸중을 하는 것이었다. 그 중의 재치 빠른 태도와 말재간은 제법 도를 닦은 도승처럼 보이기도 했다.

그러나 진존자는 속으로,

"이 중이 얼핏 그럴듯하기는 한데, 역시 참으로 도를 깨치지는 못한 것 같다. 모르긴 하지만 한갓 용의 머리에 뱀의 꼬리이기 십상이다"

진존자가 중에게 물었다.

"그대는 '에잇! 에잇!'하고 위세는 좋은데, 세 번 네 번 에잇 소리를 외친 뒤에는 무엇으로 어떻게 마무리를 지을 생각인가?"

그러자 중은 그만 자기 속셈이 드러난 것을 알고 뱀의 꼬리를 내보이고 말았다는 것이다.

尾生之信
尾生之信　　　　꼬리 **尾** 날 **生** 갈 **之** 믿을 **信**

너무 고지식하기만 한 것을 가리켜 「미생지신」이라고 한다. 미생이란 사람의 옛이야기에서 생긴 말이다.

《사기》소진열전에 보면, 소진(蘇秦)이 연(燕)나라 왕의 의심을 풀기 위해 하는 이야기 가운데 이런 것이 나온다.

소진은 연왕을 보고 말했다.

"왕께서 나를 믿지 않는 것은 필시 누가 중상하는 사람이 있기 때문일 것입니다. 나는 증삼(曾參) 같은 효도도 없고, 백이 같은 청렴도 없고, 미생(尾生) 같은 신의도 없습니다. 왕께선 증삼 같은 효도와 백이 같은 청렴과 미생 같은 신의가 있는 사람을 얻어 왕을 섬기도록 하면 어떻겠습니까?"

"만족합니다"

"그렇지 않습니다. 효도가 증삼 같으면 하룻밤도 부모를 떠나 밖에 자지 않을 텐데, 왕께서 어떻게 그를 걸어서 천릿길을 오게 할 수 있겠습니까? 백이는 무왕의 신하가 되는 것이 싫어 수양산에서 굶어죽고 말았는데 어떻게 그런 사람을 천 리의 제나라 길을 달려가게 할 수 있겠습니까. 신의가 미생 같다면, 그가 여자와 다리 밑에서 만나기로 약속을 해두고 기다렸으나, 여자는 오지 않고 물이 불어 오르는지라 다리 기둥을 안고 죽었으니, 이런 사람을 왕께서 천 리를 달려가 제나라의 강한 군사를 물리치게 할 수 있겠습니까? 나를 불효하고 청렴하지 못하고 신의가 없다고 중상하는 사람이 있지만, 그렇기 때문에 나는 부모를 버리고 여기까지 와서 약한 연나라를 도와 제나라를 달래서 빼앗긴 성을 다시 바치게 한 것이 아니겠습니까?"

미생의 다리

대충 이런 내용으로 연왕의 의심을 풀고 다시 후대를 받게 되었다는 이야기인데, 미생이란 사람은 다리 밑에서 만나기로 약속한 그것만을 지키느라 물이 불어 오르는데도 그대로 자리를 지키다가 죽었으니 얼마나 고지식하고 변통을 모르는 바보 같은 사람인가.

그러나 장자는 도척편에서 공자와 대화를 나누는 도척의 입을 빌어 미생의 융통성 없고 어리석음을 다음과 같이 통박하고 있다.

"이런 인간은 제사에 쓰려고 찢어발긴 개나 물에 떠내려가는 돼지, 아니면 쪽박을 들고 빌어먹는 거지와 다를 바 없다. 쓸데없는 명분에 빠져 소중한 목숨을 가벼이 여기는 인간은 진정한 삶의 길을 모르는 놈이다"

그런데 《전국책》에서는 미생과 같은 신의는 단지 사람을 속이지 않는 데 불과할 따름이라고 하고, 《회남자(淮南子)》에서도 미생의 신의는

차라리 상대방을 속여 순간의 위험을 피하고 후일을 기하는 것만 같지
못하다고 하였다.

　다리 밑이면 어떻고 다리 위면 무슨 상관이 있겠는가. 결국 「미생지
신」은 하나만 알고 둘은 모르는 바보 같은 신의를 말한다.

信及豚魚

신 급 돈 어

信及豚鱼　　믿을 **信** 미칠 **及** 돼지 **豚** 물고기 **魚**

돼지나 물고기 등 무심한 생물조차 믿어 의심하지 않는다는 뜻으로, 신의(信義)의 지극함을 이르는 말. 《역경(易經)》에 있는 말이다.

《금사(金史)》희종본기(熙宗本記)에 있는 명구로,

"믿지 못할 사람은 쓰지 말고, 일단 쓴 사람은 의심하지 말라(疑人勿用 用人勿疑)"란 말이 있는 이유다.

솥 안에서 물고기가 논다는 뜻으로, 사람이 죽음이 임박한 줄도 모르고 사는 것을 비유함.

魚遊□中 (어유□중)

中庸之□ (중용지□)

마땅하고 떳떳한 중용의 도리. 극단(極端)에 치우치지 않고 평범한 속에서의 진실한 도리.

□聽塗 (□청도)

길에서 들은 일을 길에서 이야기한다는 뜻으로, 무슨 말을 들으면 그것을 깊이 생각지 않고 다시 옮기는 경박한 태도를 이르는 말.

□往說 (□왕설)

말들이 왔다 갔다 한다는 뜻으로, 의견이나 입장이 달라 말로 옥신각신하는 모습.

□者可追 (□자가추)

지나간 일은 어찌할 도리가 없지만, 장차 다가올 일은 조심하여 이전과 같은 과실을 범하지 않을 수 있음을 이르는 말.

어유부중
魚遊釜中

魚遊釜中   물고기 **魚** 놀 **遊** 솥 **釜** 가운데 **中**

물고기가 솥 안에서 논다는 뜻으로, 지금은 살아 있기는 하여도 생명이 얼마 남지 아니하였음을 이르는 말.

《후한서》 장강전(張綱傳)에 있는 말이다.

"가마솥의 물고기와 같으니 잠깐 헐떡거리는 소리만 들릴 뿐이다(若魚遊釜中 喘息須臾聞耳)"

같은 《후한서》에 범염전(範冉傳)에 있는 말이다.

위험이 가까이까지 닥쳐와 도저히 피할 수 없는 지경에 이른 것을 가리켜 속담에서는 「도마에 오른 물고기」라 하는데, 이 속담을 한자어로는 「부중어(釜中魚)」 즉 「솥 안에 든 고기」라고 한다. 그런데 똑같이 솥 안에 든 고기라도 「부중생어(釜中生魚)」가 되면 의미가 달라져, 오랫동안 밥을 짓지 못해 솥 안에서 물고기가 생겨났다는 뜻이다.

저절로 생겨난 물고기이든 산 채로 넣었든 도마에서 숨통을 끊고 넣었든 간에 솥 안에 있기는 마찬가지이니 불만 지피면 되겠지만, 「부중생어」의 물고기는 안심할 수 있는 것이, 이 상황에서는 그 솥에 불을 지필 장작도 없기 때문이다.

中庸之道
^{중 용 지 도}

中庸之道 가운데 中 떳떳할 庸 어조사 之 길 道

「중용지도」란 말을 우리는 흔히 쓰곤 한다. 그러나 그것이 풍기는 의미는 일정하지가 않다. 듣는 사람도, 말하는 사람도 자기 마음대로 풀이할 수 있는 막연한 내용의 말이다.

"그건 중용지도가 못되지"

뭔가 좀 지나쳤다는 뜻이다. 어느 점이 어떻다고 지적할 수는 없어도 어딘가 좀 반성할 점이 있다는 막연한 개평(槪評)이다. 듣는 사람도 과히 기분 나쁘지 않고, 말하는 사람도 그리 거북하지 않은, 적당히 듣고 적당히 쓸 수 있는 말이다.

「중용(中庸)」이란 말은 《논어》에도 나온다. 그러나 《중용》이란 책이 「사서(四書)」중의 하나라는 것은 누구나가 다 알고 있다. 그 《중용》첫머리에 주자(朱子)는 정자(程子)의 말을 인용하여 「중용」을 이렇게 풀이하고 있다.

"편벽되지 않은 것을 「中」이라 말하고, 바뀌지 않은 것을 「庸」이라 말한다. 「中」이란 것은 천하의 바른 길이요, 「庸」이란 것은 천하의 정해진 이치다"

「中」은 중간이니 중심이니 하는 뜻이다. 좌우로 치우치지 않은 것이 중간이고, 어느 쪽에도 더 가깝지도 멀지도 않은 것이 중심이다. 「庸」은 떳떳하다는 뜻이다. 떳떳하다는 말은 정당하다, 당연하다, 항상 그대로다 하는 뜻을 가지고 있다. 즉 중용은 어느 한쪽으로도 치우치지 않은 떳떳한 것이란 말이다. 또 지나치지도 않고 부족하지도 않은 꼭 정도에 맞는, 더 바랄 수 없는 그런 원리 원칙이 「중용」인 것이다.

주 희

지구가 항상 제 궤도를 돌고 있는 것도 그것이 중용지도를 걷고 있기 때문이다. 인공위성으로 우주여행을 무사히 끝마치려면 처음에서 끝까지 이 중용지도를 지키지 않으면 그만 사고를 일으키고 만다. 그와 마찬가지로 우리 인간이 일생을 사는 동안도 이 중용지도를 지키지 못하면 예기치 못한 불행과 마찰을 가져오게 되는 것이다. 그러나 그 「중용지도」란 정해져 있는 것은 아니다. 인공위성이 궤도 수정을 하지 않으면 안 되듯이, 그때그때의 사정에 따라 적당히 수정될 수 없는 원리 원칙은 궤도 수정이 불가능한 인공위성과도 같은 것이다.

《중용》첫머리에 공자는 말하기를, "군자의 중용이란 것은 군자로서 때에 맞게 하는 것이다"라고 했다.

때에 맞게 한다는 것이 바로 원리 원칙에 입각한 궤도 수정의 가능성을 말하는 것이다. 덮어놓고 좌우 양파의 중간에 서 있는 무사주의나 타협주의나 기회주의가 중용지도는 아니다. 팔 사람이 부르는 값과 살 사람이 주겠다는 값을 반으로 딱 잘라 흥정을 붙이는 거간꾼의 처사가 반드시 정당한 것은 아니다.

공자는 말했다.

"천하와 국가도 다스릴 수 있고, 벼슬도 사양할 수 있고, 칼날도 밟을 수 있지만, 중용만은 할 수 없다"

그때그때에 맞는 처리와 행동을 한다는 것은 용기나 지조의 문제가 아니라, 성인(聖人)의 지혜가 없이는 안 된다는 말이다.

공 자

「중용지도」 즉 「중용의 길」은 가장 올바른 길이요, 오직 하나뿐인 길이다. 그 길을 제대로 걸어가기 위한 지혜와 행동력을 가진 사람이 아니면 대중을 지도할 자격은 물론, 그 자신 세상을 올바로 살아갈 수 없다.

道聽塗說
<small>도 청 도 설</small>

道听涂说   길 **道** 들을 **聽** 진흙 **塗** 말씀 **說**

길에서 들은 일을 길에서 이야기한다는 뜻으로, 무슨 말을 들으면 그것을 깊이 생각지 않고 다시 옮기는 경박한 태도를 이르는 말이다.

《논어》 양화편에서 공자는, "길에서 듣고 길에서 이야기하는 것은 덕을 버리는 것이다(道聽而塗說 德之棄也)"라고 했다.

"앞의 길(道)에서 들은 좋은 말(道聽)을 마음에 간직해서 자기 수양의 길잡이로 하지 않고, 후의 길에서 바로 다른 사람에게 말해 버리는(塗說) 것은 스스로 그 덕을 버리는 것과 같은 것이다. 선언(善言)은 전부 마음에 잘 간직해서 자기 것으로 하지 않으면 덕을 쌓을 수 없다"

몸을 닦고(修身), 집안을 정제하고(齊家), 나라를 다스리고(治國), 천하를 평정해서(平天下) 천도(天道)를 지상에 펴는 것을 이상으로 한 공자는 그러기 위해서 사람들이 엄하게 자기를 규율하고, 인덕을 쌓아 실천해 갈 것을 가르쳤다. 그리하여 덕을 쌓기 위해서는 끊임없는 노력이 필요하다는 것을 《논어》에서 가르치고 있다.

《한서》 예문지에는, "무릇 소설(小說)의 시초는 군주가 일반 서민의 풍속을 알기 위해 하급관 리에게 명해서 서술시킨 데서부터 시작된다. 즉 세상 이야기나 거리의 소문은 도청도설하는 자들이 만들어낸 것이다"라고 씌어 있다.

소설이란 말은 이런 의미로서 원래는 「패관(稗官 : 하급관리)소설」이라고 했으나 후에 그저 소설이라 부르게 되었다.

또 《순자》 권학편에는,

"소인의 학문은 귀에서 들어와 바로 입으로 빠지며 조금도 마음에 머무르게 하지 않는다. 입과 귀 사이는 약 네 치, 이 정도의 거리를 지나게 될 뿐으로서 어찌 7척

도에 대해서 이야기를 나누는 노자와 공자

의 신체를 미화할 수 있겠는가. 옛날, 학문을 하는 사람은 자기를 연마하기 위해 노력했으나, 지금 사람은 배운 것을 곧 남에게 알려 자기 것으로 하겠다는 생각이 없다. 군자의 학문은 자기 자신을 아름답게 하는 데 반해, 소인들의 학문은 인간을 못 쓰게 만들어 버린다. 그래서 묻지도 않은 말을 입 밖에 내고 만다. 이것을 듣기 싫다 하고, 하나를 묻는데 둘을 말하는 것을 수다라고 한다. 어느 것도 좋지 않다. 진정한 군자란 묻지 않으면 대답하지 않고 물으면 묻는 것만을 대답한다"라고 하여 다언(多言)을 경계하고 있다.

어느 세상이거나 오른쪽에서 들은 말을 왼쪽으로 전하는 수다쟁이와 정보통이 많다. 더구나 입에서 입으로 전해지는 동안에 점점 날개가 달리게 된다.

순 자

"이런 인간들은 세상에 도움이 되지 않는다"라고 공자와 순자는 말하고 있다.

또 자기에게 학문이 있다는 것을 선전하는 자, 소위 현학적(衒學的) 행위도 삼가야 한다고 했다. 생각과 실천이 따르지 않는 공부는 곧 길에서 듣고 길에서 말하는 것과 별로 다를 것이 없는 것이다.

설 왕 설 래
說往說來
说往说来

말씀 **說** 갈 **往** 말씀 **說** 올 **來**

서로 변론(辯論)을 주고받느라고 옥신각신함.

來者可追 <small>来者可追</small>   올 來 사람 者 옳을 可 쫓을 追

<small>내 자 가 추</small>

지나간 일은 어찌할 도리가 없지만, 장차 다가올 일은 조심하여 이전과 같은 과실을 범하지 않을 수 있음을 이르는 말이다.

《논어》미자편(微子篇)에 있는 말이다.

도연명의 「귀거래사(歸去來辭)」에도 이런 구절이 있다.

자, 돌아가자

전원이 장차 황폐해지려 하는데 어찌 돌아가지 않으랴

지금까지는 마음이 육신의 노예였으니

어찌 홀로 슬퍼하여 서러워만 할 것인가

이미 지난 일 후회해도 소용없음을 깨달아

다가올 일 쫓아야 함을 알겠네

길을 잃고 헤맸으나 아직 멀지 않아

지금이 옳고 지난날의 벼슬살이 잘못 되었음을 이제야 깨달았네.

……

歸去來兮 田園將蕪 胡不歸	귀거래혜 전원장무 호불귀
既自以心爲形役 奚惆悵而獨悲	기자이심위형역 해추창이독비
悟已往之不諫 知來者之可追	오이왕지불간 지래자지가추
實迷塗其未遠 覺今是而昨非	실미도기미원 각금시이작비

여기서 "이미 지난 일 후회해도 소용없음을 깨달아(悟已往之不諫), 다가올 일 쫓아야 함을 알겠네(知來者之可追)"라고 읊고 있다.

도연명 귀거래도(元 화가 하징)

　이 시는 도연명이 41세 때, 최후의 관직인 팽택현(彭澤縣)의 지사(知事) 자리를 버리고 고향인 시골로 돌아오는 심경을 읊은 시로서, 세속과의 결별을 진술한 선언문이기도 하다.

　감독관의 순시를 의관속대(衣冠束帶)하고 영접하지 않으면 안 되는 것을 알고 오두미(五斗米 : 5말의 쌀, 즉 적은 봉급)를 위해 향리의 소인에게 허리를 굽힐 수 없다고 하며, 그날로 사직하였다고 전한다. 이 작품은 도연명의 기개를 나타내는 이와 같은 일화와 함께 은둔을 선언한 일생의 한 절정을 장식한 작품이다.

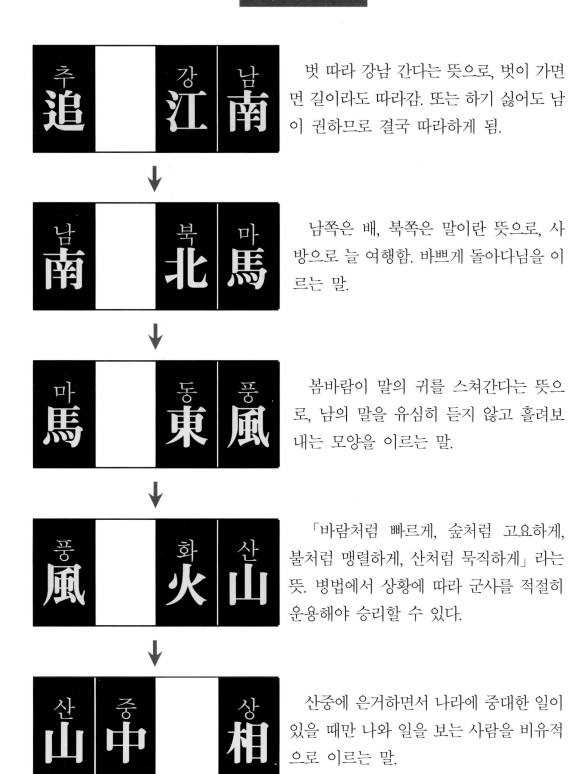

추 追	강 江	남 南

벗 따라 강남 간다는 뜻으로, 벗이 가면 먼 길이라도 따라감. 또는 하기 싫어도 남이 권하므로 결국 따라하게 됨.

남 南	북 北	마 馬

남쪽은 배, 북쪽은 말이란 뜻으로, 사방으로 늘 여행함. 바쁘게 돌아다님을 이르는 말.

마 馬	동 東	풍 風

봄바람이 말의 귀를 스쳐간다는 뜻으로, 남의 말을 유심히 듣지 않고 흘러보내는 모양을 이르는 말.

풍 風	화 火	산 山

「바람처럼 빠르게, 숲처럼 고요하게, 불처럼 맹렬하게, 산처럼 묵직하게」라는 뜻. 병법에서 상황에 따라 군사를 적절히 운용해야 승리할 수 있다.

산 山	중 中	상 相

산중에 은거하면서 나라에 중대한 일이 있을 때만 나와 일을 보는 사람을 비유적으로 이르는 말.

追友江南 _{추 우 강 남}

追友江南　　따를 追 친구 友 강 江 남녘 南

────────────────────────────────➤

　친구 따라 강남 간다. 자기의 주견(主見)이 없이 남의 말에 아부하며 동조함을 이르는 말.

　「친구 따라 강남 간다」는 우리말 속담의 한역(漢譯)이다.

　비슷한 뜻으로, 「자기 생각이나 주장 없이 남의 의견에 동조한다」는 「부화뇌동(附和雷同)」이 있다.

남 선 북 마
南船北馬

南船北马

남녘 南 배 船 북녘 北 말 馬

남쪽은 배, 북쪽은 말이란 뜻으로, 중국의 지세는 남쪽은 강이 많아서 주로 배를 타고, 북쪽은 평지가 많아서 주로 말을 탄다. 지금은 뜻이 바뀌어 항상 여행을 하거나 분주히 사방으로 돌아다님을 이르는 말이다.

고대 중국의 교통체계를 단적으로 나타낸 말이다.

화남(華南)지방은 장강(長江 : 양자강), 주장강을 비롯하여 수량이 많은 하천이 아주 많아 선박에 의한 사람의 왕래와 물품운송이 활발하였다. 이에 비해 화북지방은

장강(양자강)

산과 사막이 많은 데다가 강수량도 적어서 건기(乾期)에는 하천의 수량이 부족하여 선박의 항행이 불가능하였기 때문에 육로를 이용한 거마의 교통이 성황을 이루었다.

비슷한 뜻으로, 「동분서주(東奔西走)」가 있다.

馬耳東風 마 이 동 풍

马耳东风   말 **馬** 귀 **耳** 동녘 **東** 바람 **風** ➤

남의 비평이나 의견을 조금도 귀담아 듣지 아니하고 곧 흘려버림을 이르는 말.

「마이동풍」은 「말의 귀에 동풍」이란 뜻이다. 우리말로는 「말 귀에 바람 소리」라는 것이 나을 것도 같다. 우리 속담에 「쇠귀에 경 읽기」란 말이 있는데도, 이것을 우이독경(牛耳讀經)이라고 한문 문자로 쓰기도 한다. 「마이동풍」은 「우이독경」과 같은 말이다.

답왕십이한야독작유회

원래 이 말은 이백(李白)의 「답왕십이한야독작유회(答王十二寒夜獨酌有懷)」라는 장편 시 가운데 나오는 말이다. 왕십이란 사람이 이백에게 「차가운 밤에 혼자 술을 마시며 느낀 바 있어서」라는 시를 보내온 데 대한 회답 시로 장 단구를 섞은 아주 긴 시다.

왕십이는 자기의 불우함을 이백에게 호소한 듯하다. 이백은 거기에 대해 달이 휘영청 밝고 추운 밤에 독작을 하고 있는 왕십이의 쓸쓸함을 생각하면서 이 시를 지은 것이다. 그리하여 이백은 술을 마셔 만고의 쓸쓸함을 씻어버릴 것을 권하고 또 그대처럼 고결하고 더구나 뛰어난 인물은 지금 세상에서는 쓰이지 못함이 당연하다고 위로하는 한편, 다시 강개(慷慨)하는 말투로 자기의 당세관(當世觀)을 엮어 간다.

지금 세상은 투계(鬪鷄)—당시 왕후 귀족 사이에서 즐겨 유행되었던 닭싸움—의 기술에 뛰어난 인간이 천자의 귀여움을 얻어 큰 길을 뽐내고 걷고 있거나, 그렇지 않으면 만적(蠻賊)의 침입을 막

시선(詩仙) 이백

아 하찮은 공을 세운 인간이 최고의 충신이라는 듯 거드름을 피우고 있는 세상이다. 자네나 나는 그런 인간들의 흉내는 낼 수 없다.

우리는 북창(北窓)에 기대어 시를 읊거나 부(賦)를 짓는다. 그러나 어떤 걸작이 나오고 그것이 만방에 미치는 걸작이라도 지금 세상에서는 그런 것이 한 잔의 물만한 가치도 없다. 아니 그뿐 아니고 세인은 그것을 듣고다 고개를 흔들며 동풍(東風)이 마이(馬耳)를 스치는 정도로밖에 생각지 않는다.

세상 사람은 내 말에 모두 머리를 내두른다.
마치 동풍이 말의 귀를 쏘는 것 같도다.

世人聞此皆掉頭　　세인문차개도두
有如東風射馬耳　　유여동풍사마이

소년 이백

우리들의 말, 우리들의 걸작(傑作)에는 고개를 흔들어 귀를 기울이려고 하지 않는다. 그것은 동풍이 말의 귀를 스치는 것과 같다고 이백은 비분하고 있는 것이다.

원래 중국은 무(武)보다 문(文)을 중시하는 나라다. 문의 힘이 한 나라를 기울게도 하고, 한 나라를 흥하게도 한다. 그런 자랑스러움과 자신감이 전통적으로 시부(詩賦)를 짓는 자의 가슴 속에 있었다. 더구나 이백 같은 스스로를 자부하는 바가 컸던 시인에게는 그것이 더한층 강했다. 그러나 지금 세상은 시인의 말에 마이동풍이다.

風林火山
풍 림 화 산

风林火山　　　바람 風　수풀 林　불 火　뫼 山

「바람처럼 빠르게, 숲처럼 고요하게, 불길처럼 맹렬하게, 산처럼 묵직하게」라는 뜻으로, 기회가 왔을 때, 상황에 따라 군사를 적절하게 운용하여야 승리를 거둘 수 있다는 말이다.

중국의 대표적인 병법서 《손자(孫子)》 군쟁(軍爭) 편에 있는 말이다.

군쟁편은 전쟁에서 기선을 제압하여 승리를 취하는 방법에 대하여 논하고 있다. 그 가운데 다음과 같은 내용이 있다.

"병법은 적을 속여 운용하고, 이익에 따라 움직

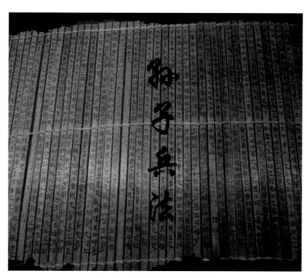

손자병법 죽간(竹簡)

이며, 병력을 나누기도 하고 합치기도 함으로써 변화를 꾀한다. 그러므로 군사를 움직일 때는 질풍같이 날쌔게 하고, 기다릴 때는 숲처럼 고요하게, 적을 치고 빼앗을 때는 불이 번지듯이 맹렬하게 하고, 공격으로부터 지킬 때는 산처럼 묵직하게 물러나지 말아야 한다(其疾如風 其徐如林 侵掠如火 不動如山). 숨어 있을 때는 검은 구름에 가려 별이 보이지 않듯이 하되, 일단 군사를 움직이면 벼락이 치듯이 신속하게 해야 한다. 우회하여 공격할 것인지 곧바로 공격할 것인지를 먼저 아는 자가 승리할 것

손 무

이니, 이것이 군사를 가지고 싸우는 방법이다"

따라서 「풍림화산」은 전광석화처럼 빠른 기동성과 과묵한 인내가 있어야 한다는 말이다.

山中宰相

山中宰相　뫼 **山** 가운데 **中** 재상 **宰** 재상 **相**

산중에 은거하면서 나라에 중대한 일이 있을 때만 나와 일을 보는 사람을 비유적으로 이르는 말로서, 국정의 자문에 참여하는 재야의 현사(賢士)를 일컫는 말이다.

당(唐)의 이연수(李延壽)가 편찬한 사서(史書) 《남사(南史)》에 있는 말이다.

중국 양(梁)나라의 도홍경(陶弘景)이 산 속에 살면서 나라에 대사(大事)가 있을 때는 늘 참여했다는 데서 유래한다.

도홍경은 아버지가 첩에게 살해된 사실로 인하여 일생을 결혼하지 않고 지냈다. 일찍이 관직을 사퇴하고 구곡산(句曲山), 즉 모산(茅山)에 은

도홍경

거하여 학업에 정진하였으며, 유·불·도 삼교(三敎)에 능통하였다. 특히 음양오행(陰陽五行)·역산(曆算)·지리(地理)·물산(物産)·의술본초(醫術本草)에 밝았다.

도홍경의 키는 7척 7촌 이며 풍채가 수려하였다. 눈동자가 맑고 시원스럽게 생겼으며 눈썹이 가지런했다. 이마는 넓고 두 귀는 높이 치솟았으며 귀마다 70개의 털이 밖으로 2촌 쯤 길게 나와 있고 오른쪽 무릎에 수십

개의 검은 점이 있는데 칠성문(七星文)을 이루고 있었다. 도홍경의 귓속은 긴 털로 꽉 차 있었기 때문에 사람들은 도홍경의 귀를 쳐다볼 때마다 괴인이라고 생각했다.

양무제

도홍경이 20세 때 이미 명성이 대단한 학자로 소문이 나 있었다. 그래서 남조(南朝) 제(齊)나라의 조정으로 초청받고 약관의 나이에도 불구하고 왕들에게 경학(經學)을 가르치는 스승이 되었다. 남제(南齊)의 초대왕 고제(高帝)와 2대 왕 무제(武帝)의 스승이었다. 조정으로 불려 들어간 후 바깥세상과 접촉이 없었다. 그래서 도홍경은 시간 있을 때마다 글을 읽었다.

도홍경의 가세는 매우 빈곤하였다. 그래서 조정에서 도홍경을 지방 군수로 임명하였다. 그러나 도홍경은 응답이 없었다. 도홍경은 고집을 부리고 영명(永明) 10년 서기 492년에 조복(朝服)을 벗어버리기로 마음먹었다. 도홍경은 신무문(神武門) 위에 관복을 걸어놓고 관직을 사임하고 고향으로 돌아가겠다고 임금에게 아뢰었다. 그리고 고향 부근에 있는 모산(茅山) 속으로 들어갔다.

양무제(梁武帝)는 도홍경을 매우 존경하였다. 양무제와는 어렸을 때부터 친구였기 때문에 친분이 있었으므로 양무제는 도홍경을 자주 만나 담소하였다.

무제는 도홍경에게 여러 차례 조정으로 들어오

도홍경 흉상

면 벼슬을 주겠다고 약속했다. 그러나 도홍경은 완강히 양무제의 권고를 사절했다.

도홍경은 그림을 한 폭 그려서 자신의 심정을 잘 표현했다. 도홍경이 그린 그림은 화폭 위에 소 두 마리가 있었다. 그 중 한 마리는 풀밭에서 풀을 뜯어먹고 있는 유유자적한 그림이었고 또 한 마리의 소는 황금(黃金)으로 만든 소의 굴레가 매어져 있었다. 주인이 고삐를 잡아끌려가고 있었다. 주인은 채찍을 들어 소를 때리려고 하는 그림이었다.

무제는 도홍경이 보낸 그림을 본 후 이렇게 말했다.

"도홍경은 장자와 비슷한 사람이군. 아마도 벼슬하고 싶은 마음이 없는가 보군!"

그러나 무제는 국가의 대사를 결정하기 어려울 때는 도홍경에게 신하를 보내거나 친히 도홍경이 거처하는 산중 속으로 찾아가서 그의 고견(高見)을 듣고 국사를 논하였다. 그래서 사람들은 도홍경을 산중재상(山中宰相)이라고 불렀다.

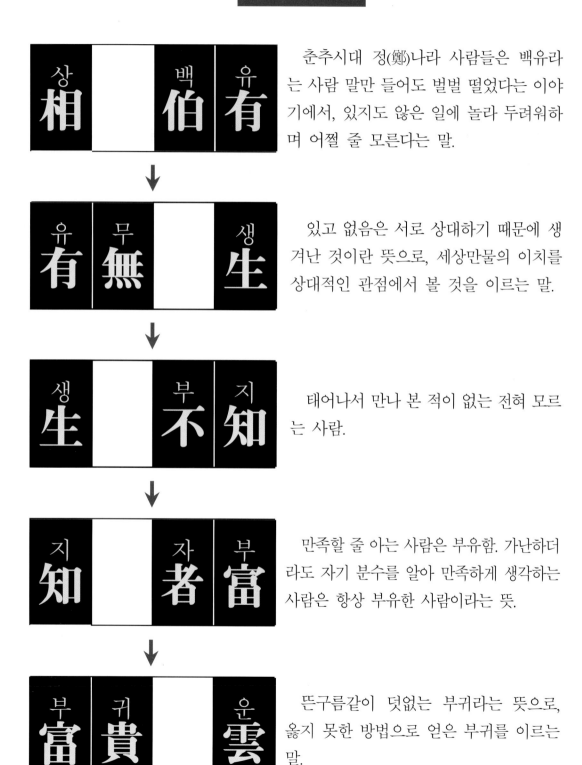

| 상 相 | | 백 伯 | 유 有 |

춘추시대 정(鄭)나라 사람들은 백유라는 사람 말만 들어도 벌벌 떨었다는 이야기에서, 있지도 않은 일에 놀라 두려워하며 어쩔 줄 모른다는 말.

| 유 有 | 무 無 | | 생 生 |

있고 없음은 서로 상대하기 때문에 생겨난 것이란 뜻으로, 세상만물의 이치를 상대적인 관점에서 볼 것을 이르는 말.

| 생 生 | | 부 不 | 지 知 |

태어나서 만나 본 적이 없는 전혀 모르는 사람.

| 지 知 | | 자 者 | 부 富 |

만족할 줄 아는 사람은 부유함. 가난하더라도 자기 분수를 알아 만족하게 생각하는 사람은 항상 부유한 사람이라는 뜻.

| 부 富 | 귀 貴 | | 운 雲 |

뜬구름같이 덧없는 부귀라는 뜻으로, 옳지 못한 방법으로 얻은 부귀를 이르는 말.

相驚伯有
상 경 백 유

相惊伯有

서로 相 놀랄 驚 맏 伯 있을 有

「백유(伯有)라는 말에 서로 놀란다」는 뜻으로, 일어나지도 않은 일에 놀라서 무서워하는 것을 이르는 말. 《좌씨전(左氏傳)》소공7년에 나오는 이야다.

백유는 포악한 사람으로 원래 이름이 양소(良霄)이고, 백유는 그의 자(字)다. 중국 춘추시대(春秋時代)의 정(鄭)나라 사람들은 백유라는 말을 듣기만 해도 벌벌 떨면서 달아났다고 전해진다(鄭人相驚以伯有 曰伯有至矣).

백유는 사대부(士大夫)들인 공손단(公孫段), 자석(子晳)과 서로 맞서서 대립하였는데, 자석의 조카인 사대(駟帶)가 백유를 공격하여 죽였다. 백유를 두려워한 사람들은 죽어서도 백유가 보복할 것으로 여겼으며, 백유라는 이름만 들어도 공포에 떨었다.

누군가 꿈에서 백유가 아무 달 아무 날에 공손단을 죽이고, 아무 달 아무 날에 사대를 죽일 것이라는 말을 들었다는 소문마저 퍼졌다. 그런데 소문 그대로 그날에 맞춰 공손단과 사대가 각각 죽고 말았다.

그래서 사람들의 공포심은 더욱 극에 달했다. 물론 귀신의 조화라는 것은 황당한 말로 이것은 사람들이 나중에 억지로 붙인 가담항설이겠지만, 백유의 사나운 행동 때문에 사람들은 백유라는 이름만 들어도 놀라 무서워하였다는 이야다.

유 무 상 생
有無相生 　　有无相生 　　　있을 **有** 없을 **無** 서로 **相** 날 **生**

「있고 없음은 서로 상대하기 때문에 생겨난 것」이란 뜻으로, 세상만물의 이치를 상대적인 관점에서 볼 것을 이르는 말이다.

《노자》 제2장에 있는 말이다. 또한 「유생어무(有生於無 : 유는 무에서 생긴다)」라는 같은 의미의 말이 제40장에 보인다. 제2장에는,

"천하의 사람들은 모두 이것이 미(美)라고 인지(認知)하지만, 동시에 타면(他面)에 악이 있다는 것을 알아야 한다. 선과 불선과의 관계도 또한 그렇다. 이와 같이 하나의 존재는 그와 대립하는 다른 존재를 인정함으로써 존재한다. 유는 무가 있음으로 해서 존재하고, 난(難)은 이(易)에 의하여, 장(長)은 단(短)에 의하여 존재한다……(天下皆知 美之爲美 斯惡已 皆知善之爲善 斯不善已 故有無相生 難易相成 長短相較……)"라고 있다.

이 세상은 모두 관계로 인하여 존재한다. 존재는 모두 상대적이며, 모든 가치도 또한 상대적임을 말한 것이다. 이러한 사고방식은 노자의 인식론의 기본을 이루고 있으며, 또한 우주 구성의 원리이기도 하다.

상식의 세계에 있어서 무라는 존재는 없다. 존재하는 것은 유이다. 그러나 노자 식으로 말한다면 무 없이 유는 존재할 수 없다. 무와 유의 이 관계를 방과 창은, 공간 즉 무가 있음으로 해서 방이라든가 창으로서 존재한다는 비유로 나타낸다.

또한 "천지 사이는 그것이 마치 탁약(橐籥 : 풀무) 같은 것일까. 속이 비어 있기 때문에 굽히지 않고, 움직이면 얼마든지 바람을 낸다"라는 비유로 나타낸다. 풀무는 무(無)가 있음으로 해서 비로소 풀무로서 존재한다.

노자기우도(老子騎牛圖)

이 비유에는 또 하나의 다른 의미를 느낄 수 있다. 풀무는 존재하지만, 활동함에 따라 시시각각으로 모양을 바꾼다. 형태로서 존재하는 것은 따라서 변화하는 것이다. 생성소멸의 상태를 통하여 계속하는 것이다.

존재가 활동한다는 것은 그러한 것이며, 그 활동을 가능케 하는 것이 무인 것이다. 무는 무한한 힘을 가지고 유를 낳는다. 풀무는 어디까지나 비유이기 때문에, 무와 유는 관계를 완전히 설명할 수는 없다 할지라도 대단히 적절한 비유인 것이다.

제40장에서는 이렇게 말하고 있다. 도(眞理)에서 본다면, 움직인다는 운동은 되돌아간다는 운동이다. 어딘가로 움직이고 있다는 것은 되돌아가고 있다는 것이다. 사물이 어떠한 형태로 되어 가고 있다는 것은 아무것도 아닌 것으로 되어가고 있다는 것이다.

또한 강한 상태─무엇인가를 이루고자 하는 상태─는 운동이 멎은 약한 상태, 의지가 없어진 정(靜)의 상태로 돌아가고 있는 것으로, 그것이 도(道)의 작용인 것이다. 유는 무에서 생겨 무로 돌아간다. 존재한다는 것은 없어지는 것이다.

이상이 이 장의 의미이다.

"그 근원으로 복귀한다"라든가, "무극(無極)에 복귀한다"라든가 하고 노자가 말하는 것도 이런 의미이다.

《노자》 모두(冒頭)의 유명한 말로서, "이름 없음이 천지의 시작이고, 이름 있음은 만물의 어미다(無名天地始有名萬物之母)"라고 말하는 것도 유무의 관계를 풀이해 주는 것으로 보아도 좋다. 무가 유인 천지를 낳고, 더욱 발전하여 만물을 낳는다. 무가 있은 다음 유가 있다는 것은 시간적으로 무가 먼저 존재한다는 것은 아니다. 유와 더불어 무가, 무와 더불어 유가 존재한다고 보아야 될 것이다.

노자송하기우도(老子松下騎牛圖)

따라서 유명의 것도, 무명의 것도 실은 하나라고 말해도 좋다. 절대의 세계에 서면, 유도 무도 하나인 것이다. 이 하나를 체득하는 것을 노자는 「포일(抱一)」이라든가, 「포박(抱朴)」이라든가 하는 말로 나타냈다. 하나를 품은 인간은 조화를 이룬 통일을 얻을 수가 있다.

노 자

하나(一)라고 하는 것은 또한 노자가 말하는 현묘한 도이며, 자연이며, 실재(實在)이다. 그러나 노자는 어느 쪽이냐 하면, 무(無)를 강조한 나머지, 무가 튕겨낸 유(有)와 그 활동을 가치가 없는 것같이 다루었다.

그것은 인간이 유의 세계에만 집착하여 무의 가치를 전연 몰랐기 때문이다. 무를 보다 본원적인 것으로 생각하여, "유는 무에서 생긴다"라고 말한 것이다.

생 면 부 지
生面不知   生面不知   날 生 얼굴 面 아닐 不 알 知

태어나서 만나 본 적이 없는 전혀 모르는 사람.

130

지 족 자 부
知足者富   知足者富   알 知   족할 足   사람 者   부유할 富

스스로 만족할 줄 아는 사람이 바로 부자다.

《노자(老子)》33장에 있는 말이다.

"남을 아는 것을 지(智)라 하고, 자신을 아는 것을 명(明)이라 한다(知人者智 自知者明). 남을 이기는 것을 유력(有力)이라 하고, 자신을 이기는 것을 강(强)이라 한다(勝人者有力 自勝者强). 스스로 족할 줄 아는 사람이 바로 부자다(知足者富). 도를 따라 세차게 나가야 비로소 뜻을 얻었다고 하겠다(强行者有志). 자기의 근원을 잃지 않으면 영원할 수 있고, 죽어도 도를 잃지 않으면 장수할 수 있다(不失其所者久 死而不亡者壽)"

노자는 속세에서 말하는 지혜와 힘과 도에 입각하여, 참다운 명(明)과 강(强)을 말하였다. 그리고 참다운 부는 지족(知足)에서 얻을 수 있으며, 뜻을 얻는다는 것은 무위자연(無爲自然)의 도를 끝없이 세차게 행하는 것이라 하였다.

부(富)란 여유가 있다는 뜻이다. 먹고 입고 쓰고 남는 것이 부자다. 그러나 사람은 먹고 입고 쓰는 것이 한이 없다. 한 끼에 한 홉 밥으로 만족한 사람이 있는가 하면, 남이 잘 먹어 보지 못한 요리를 먹기 위해 남이 알까 무서울 정도의 엄청난 돈을 들이는 사람도 있다.

한두 벌 옷으로 몸을 가리는 것으로 족한 사람이 있는가 하면, 유행을 따르다 못해 창조를 해가며 매일같이 값비싼 새 옷을 사들이는 여인들도 있다.

"아흔 아홉 섬 가진 사람이 한 섬 가진 사람보고 백 섬 채우자"고 한

노자기우(老子騎牛) 소상(塑像)

다는 말이 있다. 아흔 아홉 섬 가진 사람이 한 섬 가진 사람보다 마음이 가난하기 때문인 것이다. 만일 그가 그 한 섬 가진 사람을 보고 마흔 아홉 섬을 주어 똑같이 50석씩 가졌으면 하는 마음이 생겼다면 그는 천 석 가진 부자 이상으로 풍족함을 느끼는 사람일 것이다. 부는 마음에 있다. 먹을 것을 걱정하지 않는 성자는 천하의 모든 식량이 다 자신을 위한 것으로 느껴지는 것이다. 하느님은 일용할 양식을 우리에게 준비하고 계시니까.

"도를 따라 세차게 나가야 비로소 뜻을 얻었다고 하겠다(强行者有志)"는 말은 바로 《주역》건괘상전(乾卦象傳)에서 말한 "군자는 스스로 강하여 그치지 않는다(君子以自强不息)"는 경지와 같다.

또한 노자는 "근원적인 도를 잃지 않아야 영원할 수 있고, 몸은 죽어도 실체는 도와 더불어 영원히 살 수 있다(不失其所者久 死而不亡者壽)"고 하였다. 지족이란 말 그대로 자신에게 만족하는 것이다.

《설원(說苑)》담총(談叢)에도, "부는 만족할 줄 아는 데 있고(富在知足), 귀는 물러가기를 구하는 데 있다(貴在求退)"고 했다.

富貴浮雲

富贵浮云　　넉넉할 **富** 귀할 **貴** 뜰 **浮** 구름 **雲**

부(富)니 귀(貴)니 하는 것은 떠가는 구름이나 다를 바가 없다는 것이다. 이 말은 원래 공자가 한 말에서 비롯된다.

《논어》술이편에 이런 말이 나온다.

"나물밥(疏食) 먹고 맹물 마시며 팔 베고 자도 즐거움이 또한 그 속에 있다. 옳지 못한 부나 귀는 내게 있어서 뜬구름과 같다(子曰　飯疏食飲水 曲肱)而枕之 樂亦在其 中矣　不義而富且貴 於我如浮雲)"

중국의 공자 탄신일

소사(疏食)는 거친 밥이란 뜻으로 풀이된다. 거친 밥 중에는 아마 나물에 쌀알 몇 톨 넣은 것이 가장 거친 밥일 것이다. 그러나 소(疏)는 채소라는 소(蔬)로도 통할 수 있다.

아무튼 진리와 학문을 즐기며 가난을 잊고 자연을 사랑하는 초연한 심정이 낭만적으로 표현된 멋있는 구절이라 아니할 수 없다. 다만 주의할 일은 「불의(不義)」라는 두 글자가 붙어 있는 점이다. 세상을 건지고 도를 전하려면 역시 비용이 필요하고 권세가 필요하다. 그러나 그건 어디까지나 정당하게 얻어진 것이 아니면 안 된다. 단순히 부만을 위한 부나, 귀만을 위한 귀는 올바르게 살려는 사람에게는 아무런 의미도 없다. 그야말로 떠가는 구름과 같은 것이다.

불의라는 두 글자 속에는 공자의 세상을 차마 버리지 못하는 구세(救世)의 안타까움이 깃들어 있다. 이 불의라는 두 글자마저 없다면 공자는 세상을 등지고 자연만을 찾아 외롭게 사는 도가(道家)가 되고 말았을 것이다. 사실 「부귀부운」 이란 단순한 말 가운데는 세상과는 전연 관련이 없는 은자(隱者)의 심정 같은 것이 풍기고 있다.

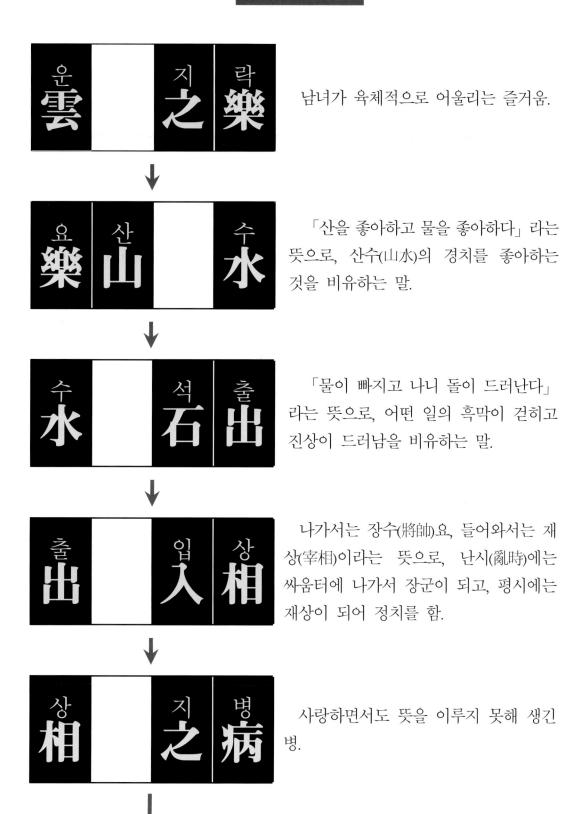

| 운 雲 | | 지 之 | 락 樂 |

남녀가 육체적으로 어울리는 즐거움.

| 요 樂 | 산 山 | | 수 水 |

「산을 좋아하고 물을 좋아하다」 라는 뜻으로, 산수(山水)의 경치를 좋아하는 것을 비유하는 말.

| 수 水 | | 석 石 | 출 出 |

「물이 빠지고 나니 돌이 드러난다」 라는 뜻으로, 어떤 일의 흑막이 걷히고 진상이 드러남을 비유하는 말.

| 출 出 | | 입 入 | 상 相 |

나가서는 장수(將帥)요, 들어와서는 재상(宰相)이라는 뜻으로, 난시(亂時)에는 싸움터에 나가서 장군이 되고, 평시에는 재상이 되어 정치를 함.

| 상 相 | | 지 之 | 병 病 |

사랑하면서도 뜻을 이루지 못해 생긴 병.

雲雨之樂

云雨之乐　　구름 雲 비 雨 의 之 즐거울 樂

남녀가 육체적으로 어울리는 즐거움.

「운우지락」은 글자대로 풀이하면, 구름과 비의 즐거움이란 말이다. 구름과 비의 즐거움이란 도대체 어떤 즐거움일까?

이 말은 《문선(文選)》에 수록되어 있는 송옥(宋玉)의 「고당부」 서문에서 생겨난 말이다. 송옥은 전국 말기 초나라 대부로 굴원의 제자다. 그는 《초사》에 있는 구변(九辯)과 초혼(招魂)의 작자로, 이 「고당부」의 서문은 초회왕(楚懷王)이 운몽에 있는 고당으로 갔을 때 꿈에 무산 신녀(神女)와 만나 즐겼다는 옛이야기를 말한 것이다. 그 내용을 소개하면 다음과 같다.

전국시대 초(楚)의 양왕이 송옥을 데리고 운몽(雲夢)에서 놀고 고당관에 간 적이 있었다. 관(館) 위를 쳐다보니 이상한 구름이 끼고 그것이 뭉게뭉게 피어오르는가 싶더니 홀연 여러 가지 모양으로 변화한다.

양왕이 송옥에게, "이것은 무슨 구름인가?"하고 묻자, 송옥은 "이것은 조운(朝雲)이라고 합니다"라고 대답한 뒤 이런 이야기를 했다.

옛날 선왕(先王 : 회왕)이 고당에서 노닐 때였다. 향연이 끝나 다소 피로해서 잠시 누워 낮잠을 잤다. 어렴풋이 잠이 들었을 때 비몽사몽간에 요염하게 단장을 한 한 여인이 나타났다.

"아니, 이건 대체 누구일까!"하고 생각하고 있을 때, 그 여인은, "저는 무산(巫山 : 사천성 몽주부에 있는 산)에서 사는 여자입니다만, 고당에 와 보니 당신께서도 이곳에 계시다는 말을 듣고 이렇게 찾아뵈려고 왔습

136

니다. 부디 모시고 잘 수 있게 해주십시오" 하고 왕의 곁으로 다가왔다.

왕은 꿈속에서나마 잠시 동침을 하며 그 여인을 애무했으나, 얼마 후 이별할 때가 되자 그녀는,

"저는 무산 남쪽 험준한 곳에 삽니다만, 아침에는 구름이 되어 산에 걸리고 저녁에는 비가 되어 산을 내려와 아침저녁으로 양대(陽臺) 기슭에 있사옵니다" 하고 말을 한 후 어디론가 사라져 버렸다.

무산 소협의 신비스런 정경

이상한 꿈에서 깬 왕이 이튿날 아침 일찍이 무산 쪽을 바라보니 꿈속의 선녀가 말한 대로 무산에는 아름다운 빛을 받은 아침 구름이 두둥실 떠 있었다. 왕은 그 선녀를 생각하고 사당을 세워 「조운(朝雲)」이라고 이름 지었다.

이 고사에서 남녀의 밀회나 정교를 「무산지몽(巫山之夢)」, 「운우지락」이라고 하게 되었다. 또 이백이 현종황제의 주석에 초대되어 동석한 양귀비의 아름다움을 찬양한 시에,

한 가지가 무르익게 고와서 이슬엔 향기가 어렸는데,
운남 무산에서 부질없이 창자를 끊노라.

一枝濃艷露凝香　　일지농염노응향
雲南巫山枉斷腸　　운남무산왕단장

이란 구가 있다. 다 앞에
서 말한 고사를 말한 것
이다.

현종과 양귀비(日 화가 鈴木春信)

樂山樂水
乐山乐水   좋아할 樂 뫼 산 山 좋아할 樂 물 水

「산을 좋아하고 물을 좋아하다」 라는 뜻으로, 산수(山水)의 경치를 좋아하는 것을 비유하는 말이다. 「樂」 은 음악이라는 명사일 때는 「악」으로 읽고, 즐겁다는 형용사일 때에는 「낙」 이라 읽고, 좋아한다는 동사일 때는 「요」 라 읽는다.

《논어》 옹야편에 있는 공자의 말이다

"지혜로운 사람은 물을 좋아하고, 어진 사람은 산을 좋아한다(智者樂水 仁者樂山). 지혜로운 자는 움직이고, 어진 사람은 고요하다(知者動 仁者靜). 지혜로운 이는 즐겁고, 어진 이는 수한다(知者樂 仁者壽)"

지혜로운 사람의 부류에 속하는 이들과 어진 사람의 부류에 속하는 이들의 일반

공 자

적인 성격과 행동 경향을 설명한 것이다. 지혜로운 사람은 변화에 대해 민감한 사람이다. 만물을 변화하는 측면에서 관찰하는 것이 지자의 태도다.

마음이 어진 사람은 언제나 한 마음 그대로를 간직하고 있다. 만물을

변하지 않는 측면에서 생각하는 것이 인자의 태도다. 물처럼 시시각각으로 변화하는 모습을 나타내는 것은 없다. 그러므로 변화를 좋아하는 사람은 물을 좋아하게 된다.

산처럼 언제 보아도 그 모습 그대로 보이는 것은 없다. 그러므로 변하지 않는 것을 좋아하는 사람은 산을 좋아하게 된다.

즉 물은 움직이고 산은 고요하다. 그것이 지자(知者)와 인자(仁者)의 대조적인 상태다. 물의 흐름은 즐겁고 산의 위치는 영원불변 그대로다. 이것이 지자와 인자의 생활 태도란 뜻이다.

水落石出

수 락 석 출

水落石出　　　물 水　떨어질 落　돌 石　날 出

「물이 빠지고 나니 돌이 드러난다」 라는 뜻으로, 어떤 일의 흑막(黑幕)이 걷히고 진상이 드러남을 비유하는 말이다.

소식(蘇軾)의 자는 자담이고 호는 동파거사(東坡居士)며, 송나라 사천미산 사람으로 명문 학자 소순의 큰아들이었으며 인종(仁宗) 가우 때 중진사를 지냈다.

신종(神宗)이 왕으로 있을 때 왕안석이 변법정책을 쓴 일이 있었다. 이 때 소식이 새로운 법을 반대하고 나서 왕안석과 어지간히 논쟁을 펼쳤다. 당시 왕안석(王安石)이 신종의 총애를 받고 있는 터라 소식이 그 세력에 눌려 호북 황주로 좌천당해 단련부사의 직책을 가졌다. 그가 동파 지방에서 조그만 집을 짓고 살았기 때문에 소동파라 불렸고 스스로 동파거사로 자처하였다.

왕안석

소동파는 산수의 경치를 좋아해서 항상 자연 속에 한가로이 시간을 보냈다. 적벽은 삼국시대에 동오와 촉한 연합군이 조조를 함락시켰던 곳이다. 그러나 적벽은 호북에 세 군데나 된다. 한 곳은 한수 옆 경릉의 동쪽

소동파

이고, 한 곳은 제안 아래에 있는 황주이며, 또 한 곳은 강하의 서남방 백리 떨어진 곳으로 오늘의 한양 현을 말한다.

이 강하 서남방 백 리에 있는 적벽은 조조가 패전을 한 곳이고, 동파가 즐겨 놀던 적벽은 황주 한천 문 밖에 있는 곳이며 조조가 패전했던 곳이 아니다.

동파가 전·후 두 편의 「적벽부(赤壁賦)」를 지었는데 그것은 이름만 빌린 것인 즉 이름은 같되 다른 곳이었다. 그러나 그의 넘친 재능과 유창한 문필로 다재다능하게 이곳의 경치를 묘사하여 후세의 사람들에게 이곳에 가보고 싶은 마냥 그리운 심정을 불러일으키게 했다.

늦가을이 되어 다시 찾은 적벽의 경관은 이전과는 또 달랐다. 그리하여 소동파는 이렇게 묘사하였다.

"흐르는 강물 소리, 깎아지른 천 길 절벽. 우뚝 솟은 산과 작은 달, 물

후적벽부도(明, 문진명)

이 빠져 드러난 바위. 해와 달이 몇 번이나 바뀌었다고 이리도 강산을 알아볼 수 없단 말인가(江流有聲 斷岸千尺山高月小 水落石出 曾日月之幾何而江山不可復識矣)"

「수락석출」은 소동파가 적벽부 속의 늦가을 풍경을 가리킨 말이었으나 후세 사람들이 진상이 드러나 의혹을 푼다는 뜻으로 어떤 사연을 똑똑히 안 다음 그 진상을 밝히는 것을 「수락석출」이라고 한다.

出將入相
출 장 입 상

出将入相　　　　　날 出 장수 將 들 入 재상 相

나가서는 장수가 되고 들어와서는 재상이 된다는 뜻으로, 문무를 다 갖추어 장상(將相)의 벼슬을 모두 지냄을 이르는 말.

난시(亂時)에는 싸움터에 나가서 장군이 되고, 평시에는 재상(宰相)이 되어 정치를 함을 이르는 말. 《구당서(舊唐書)》 왕규전(王珪傳).

출장입상 노윤문(虞允文, 宋 효종 때 재상·장수)

144

相思之病

相思之病   서로 **相** 생각 **思** 어조사 **之** 병 **病**

진(晋)나라 간보(干寶)가 지은 《수신기》에 나오는 이야기다.

남녀 사이에 서로 그리워하며 뜻을 이루지 못해 생긴 병을 「상사병」이라고 한다. 글자 그대로 서로 생각하는 병인 것이다.

춘추시대의 큰 나라였던 송(宋)은 전국시대 말기 강왕(康王)의 학정으로 인해 망하고 만다. 강왕은 뛰어난 용병으로 한때 이웃나라를 침략해서 영토를 확장하는 등 대단한 위세를 떨쳤다.

여기에 그는 천하에 무서울 것이 없다는 자신을 가지고 분수에 벗어난 짓을 마구 하게 되었다. 심지어는 가죽부대에 피를 담아 공

주강왕

중 높이 달아매고 화살로 이를 쏘아 피가 흐르면, "내가 하늘과 싸워 이겼다"라고 하면서 미치광이 같은 호기를 부리기도 했다고 한다.

강왕은 술로 밤을 지새우고, 여자를 많이 거느리는 것을 한 자랑으로 삼았으며, 이를 간하는 신하가 있으면 모조리 사형에 처했다.

이 포악하고 음란하기 비길 데 없는 강왕의 시종으로 한빙(韓憑)이라는 사람이 있었다. 그런데 그의 아내 하씨(河氏)가 절세미인이었다. 우연히 그녀를 본 강왕은 하씨를 강제로 데려와 후궁을 삼고 말았다.

상사수

한빙이 왕을 원망하지 않을 리 없었다. 강왕은 한빙에게 없는 죄를 씌워 「성단(城旦)」의 형에 처했다. 변방으로 가서 낮에는 도적을 지키는 군사가 되고 밤에는 성을 쌓는 인부가 되는 고된 형벌이다. 이때 아내 하씨가 강왕 몰래 남편 한빙에게 짤막한 편지를 전했다.

"비는 그칠 줄 모르고, 강은 크고 물은 깊으니 해가 나오면 마음에 맞겠다(其雨淫淫 河大水深 日出當心)"

그러나 염려한 대로 이 편지는 강왕의 손에 들어갔다. 강왕이 시신들에게 물었지만 뜻을 아는 사람이 없었다. 그러자 소하(蘇賀)란 자가 있다가, "당신을 그리는 마음을 어찌할 길 없으나, 방해물이 많아 만날 수가 없으니, 죽고 말 것을 하늘에 맹세한다는 뜻입니다" 하고 그럴 듯한 풀이를 했다. 얼마 후, 한빙이 자살했다는 보고가 들어왔다. 그러자 하씨는 자기

입는 옷을 썩게 만들었다가, 성 위를 구경하던 중 몸을 던졌다. 수행한 사람들이 급히 옷소매를 잡았으나 소매만 끊어지고 사람은 아래로 떨어졌다. 죽은 그녀의 옷 띠에는 유언이 적혀 있었다.

"임금은 사는 것을 다행으로 여기지만, 나는 죽는 것을 다행으로 압니다. 바라건대 시신을 한빙과 합장하여 주소서"

노한 강왕은 고의로 무덤을 서로 떨어진 곳에 만들게 하고는, "죽어서도 서로 사랑하겠다는 거냐. 정 그렇다면 두 무덤을 하나로 합쳐 보아라. 나도 그것까지는 방해하지 않겠다"라고 했다.

그러자 밤사이에 두 그루의 나무가 각각 두

한빙 부부의 넋을 그린 원앙새

무덤 끝에 나더니, 열흘이 채 못 가서 큰 아름드리나무가 되었다. 그리하여 위로는 가지가 서로 얽히고 아래로는 부리가 서로 맞닿았다. 그리고 나무 위에는 한 쌍의 원앙새가 앉아 서로 목을 안고 슬피 울며 듣는 사람을 애처롭게 만들었다.

사람들은 이 새를 한빙 부부의 넋이라 했다.

송나라 사람들은 이를 슬피 여겨, 그 나무를 상사수(相思樹)라고 했는데, 「상사」란 이름이 여기에서 시작되었다.

꼬리에 꼬리를 무는

四字成語 끝말잇기 단숨에 외우기

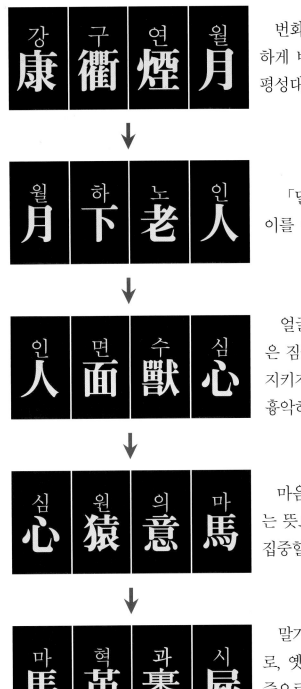

번화한 거리에서 달빛이 연무에 은은하게 비치는 모습을 형용하는 말로서 태평성대의 평화로운 풍경을 나타내는 말.

「달 아래 노인」이란 뜻으로, 중매쟁이를 이르는 말.

얼굴은 사람의 모습을 하였으나 마음은 짐승과 같다는 뜻으로, 사람의 도리를 지키지 못하고 배은망덕하거나 행동이 흉악하고 음흉한 사람.

마음은 원숭이 같고 생각은 말과 같다는 뜻으로, 마음이 안정되지 않아 생각을 집중할 수 없음을 이르는 말.

말가죽으로 자기 시체를 싼다는 뜻으로, 옛날에는 전사한 장수의 시체는 말가죽으로 쌌으므로 전쟁에 나가 살아 돌아오지 않겠다는 뜻을 이르는 말.

屍山血海 (시산혈해)

사람의 시체가 산같이 쌓이고 피가 바다같이 흐른다는 뜻으로, 전쟁의 참화를 나타내는 말.

↓

海千山千 (해천산천)

바다에서 천 년, 산에서 천 년을 산 뱀은 용이 된다는 뜻으로, 오랜 경험으로 세상 안팎을 다 알아 지나치게 약삭빠름, 또는 그런 사람의 비유.

↓

千金買笑 (천금매소)

천금을 주고 웃음을 산다는 뜻으로, 쓸데없는 곳에 돈을 낭비함을 비유하는 말.

↓

笑比河淸 (소비하청)

맑은 황하(黃河)를 보는 것만큼이나 웃음을 보기가 어렵다는 뜻으로, 근엄하여 좀처럼 웃지 않음을 비유하여 이르는 말.

↓

淸廉潔白 (청렴결백)

성품이 고결하고 욕심이 없으며 순수한 인품을 이르는 말.

↓

백	면	서	생
白	面	書	生

글만 읽어 얼굴이 창백한 사람이라는 뜻으로, 글만 읽어 세상 물정에 어둡고 경험이 없는 사람을 이르는 말.

생	기	사	귀
生	寄	死	歸

삶은 잠깐 머무는 것이고, 죽음은 돌아간다는 뜻으로, 사람이 세상에 사는 것은 잠깐 머무는 것이고, 죽는 것은 원래의 집으로 돌아간다는 말.

귀	마	방	우
歸	馬	放	牛

주(周)나라 무왕이 은(殷)나라를 정벌한 뒤, 전쟁에 쓴 마소를 놓아주었다는 옛일에서 온 말로, 다시는 전쟁을 하지 않음이라는 말.

우	이	독	경
牛	耳	讀	經

「쇠귀에 경 읽기」란 뜻으로, 우둔한 사람은 아무리 가르치고 일러주어도 알아듣지 못함을 비유하여 이르는 말.

경	세	제	민
經	世	濟	民

세상을 잘 다스려 도탄에 빠진 백성을 구함. 경국제세라고도 한다. 경제는 이의 준말이다.

152

민 民	생 生	어 於	삼 三

인간은 아버지와 스승과 임금의 덕으로 이 세상에 생존하고 있으므로, 이 세 사람에게 봉사해야 한다는 말.

삼 三	종 從	지 之	도 道

여자가 따라야 할 세 가지 도리. 여자는 어려서 어버이게 순종하고 시집가서는 남편에게 순종하고, 남편이 죽은 뒤에는 아들을 따르는 도리.

도 道	불 不	습 拾	유 遺

길에 떨어진 것을 줍지 않는다는 뜻으로, 나라가 잘 다스려져 백성의 풍속이 돈후함을 비유하는 말. 형벌이 준엄하여 백성이 법을 범하지 아니함.

유 遺	감 感	천 千	만 萬

마음에 섭섭함이 매우 많다는 뜻으로, 몹시 유감스럽다는 말.

만 萬	고 古	불 不	역 易

오랜 세월을 두고 바뀌지 않음. 영원토록 변함이 없다는 말.

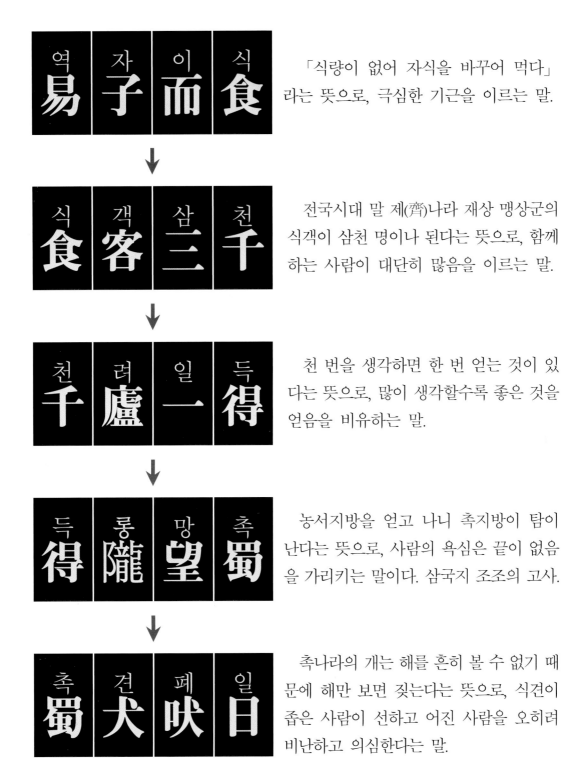

易子而食 (역자이식)

「식량이 없어 자식을 바꾸어 먹다」라는 뜻으로, 극심한 기근을 이르는 말.

食客三千 (식객삼천)

전국시대 말 제(齊)나라 재상 맹상군의 식객이 삼천 명이나 된다는 뜻으로, 함께 하는 사람이 대단히 많음을 이르는 말.

千廬一得 (천려일득)

천 번을 생각하면 한 번 얻는 것이 있다는 뜻으로, 많이 생각할수록 좋은 것을 얻음을 비유하는 말.

得隴望蜀 (득롱망촉)

농서지방을 얻고 나니 촉지방이 탐이 난다는 뜻으로, 사람의 욕심은 끝이 없음을 가리키는 말이다. 삼국지 조조의 고사.

蜀犬吠日 (촉견폐일)

촉나라의 개는 해를 흔히 볼 수 없기 때문에 해만 보면 짖는다는 뜻으로, 식견이 좁은 사람이 선하고 어진 사람을 오히려 비난하고 의심한다는 말.

일 日	박 薄	서 西	산 山

「해가 서산에 가까워지다」라는 뜻으로, 늙어서 죽을 때가 가까워지거나, 사물이 쇠망기에 접어듦을 비유하는 말.

산 山	자 紫	수 水	명 明

햇빛을 받아서 산은 보랏빛으로 물들고 물은 맑아서 또렷하게 보인다는 뜻으로, 산수의 경치가 눈부시도록 아름다움을 이르는 말.

명 明	경 鏡	지 之	수 水

밝은 거울과 정지된 물이라는 뜻으로, 고요하고 깨끗한 마음을 이르는 말.

수 水	청 淸	무 無	어 魚

물이 너무 맑으면 큰 물고기가 살 수 없다는 말로 사람이 너무 결백하면 사람들이 가까이하지 않는다는 뜻.

어 魚	시 豕	지 之	혹 惑

「노(魯)」를 「어(魚)」로, 「해(亥)」를 「시」로 쓰는 헷갈림이라는 뜻으로, 여러 번 옮겨 쓰다 보면 반드시 잘못 쓴 글자가 생김을 이르는 말.

혹	세	무	민
惑	世	誣	民

세상을 어지럽히고 백성을 속임.

민	심	무	상
民	心	無	常

백성의 마음은 일정치 않다는 뜻으로, 정치의 득실에 따라 착하게도 되고, 악하게도 됨을 이르는 말.

상	락	아	정
常	樂	我	淨

대승불교에서 말하는 열반의 네 가지 덕. 열반의 세계는 절대 영원하고 즐겁고 자재(自在)한 참된 자아가 확립되어 있으며 청정함을 이른다.

정	송	오	죽
淨	松	汚	竹

소나무는 깨끗한 땅에, 대나무는 지저분한 땅에 심는다 말.

죽	림	칠	현
竹	林	七	賢

중국 위(魏)·진(晉)의 정권교체기에 부패한 정치에 등을 돌리고 죽림에 모여 거문고와 술을 즐기며 청담(淸談)으로 세월을 보낸 일곱 명의 선비.

현	현	역	색
賢	賢	易	色

다른 사람의 현명을 좋아하기를 색을 좋아하듯 함. 평소의 낯빛을 고쳐 삼가 현인(賢人)을 존경함.

색	즉	시	공
色	卽	是	空

형체는 헛것이라는 뜻으로, 이 세상에 형태가 있는 것은 모두 인연(因緣)으로 생기는 것인데, 그 본질은 본래 허무한 존재임을 이르는 말.

공	전	절	후
空	前	絶	後

전에도 없었고 앞으로도 없음. 비교할 만한 것이 이전에도 없고 이후에도 없음.

후	조	지	절
後	凋	之	節

간난을 참고 견디며 굳게 지조를 지킨다는 뜻으로, 어려움이 있어 봐야 비로소 지조가 높은 사람을 알 수 있다.

절	용	애	인
節	用	愛	人

나라의 재물을 아껴 쓰고 백성을 사랑하라는 뜻으로, 백성을 다스리기 위한 지도자의 다섯 가지 덕목 가운데 하나.

157

인	사	유	명
人	死	留	名

사람은 죽어서 이름을 남긴다는 뜻으로, 사람의 삶이 헛되지 아니하면 그 이름이 길이 남음을 이르는 말.

↓

명	락	손	산
名	落	孫	山

시험에 합격하지 못하고 떨어진 것을 이르는 말. 시험에서 또 고배(苦杯)를 마심.

↓

산	진	수	궁
山	盡	水	窮

산이 다하고 물이 막혔다는 뜻으로, 막다른 지경에 이르러 피해 나갈 도리가 없음.

↓

궁	조	입	회
窮	鳥	入	懷

쫓기던 새가 사람의 품안으로 날아든다는 뜻으로, 사람이 궁하면 적에게도 의지한다는 말.

↓

회	벽	유	죄
懷	璧	有	罪

옥 같은 귀중한 것을 가지고 있는 것이 죄가 된다는 뜻으로, 죄 없는 사람도 분수에 맞지 않는 보물을 지니면 도리어 재앙을 부르게 됨을 비유하는 말.

↓

죄 罪	의 疑	유 惟	경 輕

죄상이 분명하지 않아 경중을 판단키 어려울 때는 가볍게 처리해야 하고, 뒤에 나오는 「공의유중(功疑惟重)」은 의심스러운 공은 중히 여긴다는 말.

경 輕	구 裘	비 肥	마 馬

가벼운 가죽옷과 살진 말이라는 뜻으로, 부귀한 사람들의 나들이 차림새를 이르는 말.

마 馬	각 脚	노 露	출 出

말의 다리로 분장한 사람이 자기 모습을 드러낸다는 뜻으로, 정체가 저도 모르는 사이에 드러남.

출 出	구 口	입 入	이 耳

말하는 자의 입에서 나와 듣는 자의 귀로 들어간다는 뜻으로, 두 사람 사이의 이야기를 딴 사람은 아무도 못 들음.

이 耳	목 目	지 之	관 官

임금의 눈과 귀가 되어 국가의 치안을 보호하던 관리. 곧 어사대부(御史臺夫)의 일컬음

관	저	복	통
官	猪	腹	痛

관가 돼지 배 앓는다는 속담의 한역으로, 자기와 아무 관계없는 사람이 당하는 고통을 이르는 말.

통	음	황	룡
痛	飮	黃	龍

「황룡부에서 통쾌하게 술을 마시다」라는 뜻으로, 적의 본거지를 섬멸하는 것을 비유하는 말. 황룡은 금(金)나라의 도읍 황룡부(黃龍府)를 가리킨다.

용	두	사	미
龍	頭	蛇	尾

용머리에 뱀의 꼬리란 말로 시작은 그럴 듯하나 끝이 흐지부지함.

미	생	지	신
尾	生	之	信

「미생의 신의」라는 뜻으로, 미련하도록 약속을 굳게 지키는 것이나, 고지식하여 융통성이 없음을 가리키는 말.

신	급	돈	어
信	及	豚	魚

돼지나 물고기 같은 무심(無心)한 생물조차 믿어 의심하지 않는다는 뜻으로, 신의(信義)의 지극(至極)함을 이르는 말.

160

魚遊釜中 어유부중

솥 안에서 물고기가 논다는 뜻으로, 사람이 죽음이 임박한 줄도 모르고 사는 것을 비유함.

中庸之道 중용지도

마땅하고 떳떳한 중용의 도리. 극단(極端)에 치우치지 않고 평범한 속에서의 진실한 도리.

道聽塗說 도청도설

길에서 들은 일을 길에서 이야기한다는 뜻으로, 무슨 말을 들으면 그것을 깊이 생각지 않고 다시 옮기는 경박한 태도를 이르는 말.

說往說來 설왕설래

말들이 왔다 갔다 한다는 뜻으로, 의견이나 입장이 달라 말로 옥신각신하는 모습.

來者可追 내자가추

지나간 일은 어찌할 도리가 없지만, 장차 다가올 일은 조심하여 이전과 같은 과실을 범하지 않을 수 있음을 이르는 말.

추 追	우 友	강 江	남 南

벗 따라 강남 간다는 뜻으로, 벗이 가면 먼 길이라도 따라감. 또는 하기 싫어도 남이 권하므로 결국 따라하게 됨.

남 南	선 船	북 北	마 馬

남쪽은 배, 북쪽은 말이란 뜻으로, 사방으로 늘 여행함. 바쁘게 돌아다님을 이르는 말.

마 馬	이 耳	동 東	풍 風

봄바람이 말의 귀를 스쳐간다는 뜻으로, 남의 말을 유심히 듣지 않고 흘려보내는 모양을 이르는 말.

풍 風	림 林	화 火	산 山

「바람처럼 빠르게, 숲처럼 고요하게, 불처럼 맹렬하게, 산처럼 묵직하게」라는 뜻. 병법에서 상황에 따라 군사를 적절히 운용해야 승리할 수 있다.

산 山	중 中	재 宰	상 相

산중에 은거하면서 나라에 중대한 일이 있을 때만 나와 일을 보는 사람을 비유적으로 이르는 말.

상	경	백	유
相	驚	伯	有

춘추시대 정(鄭)나라 사람들은 백유라는 사람 말만 들어도 벌벌 떨었다는 이야기에서, 있지도 않은 일에 놀라 두려워하며 어쩔 줄 모른다는 말.

유	무	상	생
有	無	相	生

있고 없음은 서로 상대하기 때문에 생겨난 것이란 뜻으로, 세상만물의 이치를 상대적인 관점에서 볼 것을 이르는 말.

생	면	부	지
生	面	不	知

태어나서 만나 본 적이 없는 전혀 모르는 사람.

지	족	자	부
知	足	者	富

만족할 줄 아는 사람은 부유함. 가난하더라도 자기 분수를 알아 만족하게 생각하는 사람은 항상 부유한 사람이라는 뜻.

부	귀	부	운
富	貴	浮	雲

뜬구름같이 덧없는 부귀라는 뜻으로, 옳지 못한 방법으로 얻은 부귀를 이르는 말.

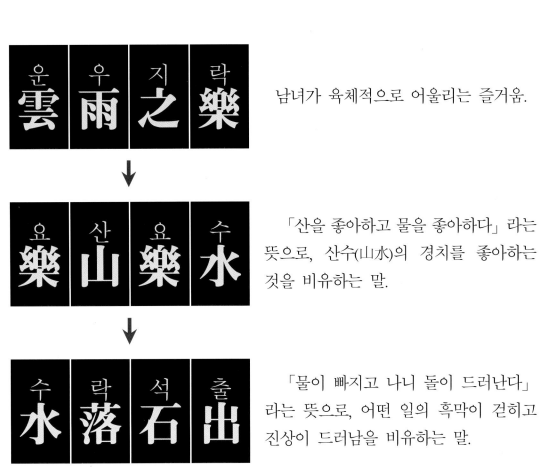

雲雨之樂
운 우 지 락

남녀가 육체적으로 어울리는 즐거움.

樂山樂水
요 산 요 수

「산을 좋아하고 물을 좋아하다」라는 뜻으로, 산수(山水)의 경치를 좋아하는 것을 비유하는 말.

水落石出
수 락 석 출

「물이 빠지고 나니 돌이 드러난다」라는 뜻으로, 어떤 일의 흑막이 걷히고 진상이 드러남을 비유하는 말.

出將入相
출 장 입 상

나가서는 장수(將帥)요, 들어와서는 재상(宰相)이라는 뜻으로, 난시(亂時)에는 싸움터에 나가서 장군이 되고, 평시에는 재상이 되어 정치를 함.

相思之病
상 사 지 병

사랑하면서도 뜻을 이루지 못해 생긴 병.

❶ 권 끝

꼬리에 꼬리를 무는 **끝말잇기**는 계속된다.

❷ 권에서는 病으로 시작되는 사자성어가

꼬리를 물고 이어진다.

四字成語 끝말잇기

꼬리에 꼬리를 무는

四字成語 끝말잇기 퍼즐 ❶

★

초판 인쇄일 / 2016년 1월 25일

초판 발행일 / 2016년 1월 30일

★

엮은이 / 팬더 컬렉션

펴낸이 / 김동구

펴낸데 / 明文堂

창립 1923. 10. 1

서울특별시 종로구 안국동 17-8

우체국 010579-01-000682

☎ (영업) 733-3039, 734-4798

(편집) 733-4748 FAX. 734-9209

H.P. : www.myungmundang.net

e-mail : mmdbook1@hanmail.net

등록 1977. 11. 19. 제 1-148호

★

ISBN 979-11-85704-53-1 04910

ISBN 979-11-85704-49-4 04910 set

★

★

값 12,000원